AF279767

Was ist das Schwerste von allem?
Was dir das Leichteste dünket:
Mit den Augen zu sehn,
was vor den Augen dir liegt.

(Goethe)

Franz Haverkamp

Analysen – Symbole

Inspirationen im Tagebuch eines Aufsässigen

6011–6012

Unbewusst im Dialog mit dem Unbewussten und der Geistigen Welt

Verlag: BoD · Books on Demand GmbH, In de Tarpen 42, 22848 Norderstedt, bod@bod.de

Druck: Libri Plureos GmbH, Friedensallee 273, 22763 Hamburg

ISBN: 978-3-7693-4626-8

Für

meine Kinder und alle,
die auf der Suche sind nach dem Sinn
ihres Lebens

In

Liebe zu Gott und seiner Schöpfung
und mit Dank an alle, die an der
Entstehung und Bearbeitung
der vorliegenden Texte
beteiligt waren

Inhalt

Vorwort

Berichte über geistige Welten und ihre Verbindungen zu uns gibt es seit Jahrtausenden. Doch die Beschäftigung mit ihnen fällt dem wissenschaftsgläubigen Menschen in der heutigen Zeit sehr schwer. Aufgrund moderner Forschungsergebnisse glaubt er, die Existenz eines materieunabhängigen Geistes anzweifeln bzw. negieren zu dürfen, obwohl das Wissen um das Wesen der Materie mit ihren inneren und äußeren Grenzbereichen sowie die Kenntnis der Psyche einschließlich des Unbewussten noch fehlen. Damit wird die allgegenwärtige Kommunikation der Geistigen Welt mit uns bzw. mit unserem Unbewussten außer Acht gelassen, und als Folge davon wird auch nicht hinterfragt, aus welchen geistigen Bereichen unsere Gedanken und unsere daraus resultierenden Entscheidungen kommen.

Wie nachteilig diese Entwicklung für uns Menschen ist, wird in der Buchreihe „Analysen – Symbole, Inspirationen im Tagebuch eines Aufsässigen" dargestellt. Über Inspirationen, die ich von 1957 bis 1966 empfing, aber als solche nicht erkannte, wird

- das Wesen der Inspiration erklärt und damit auf die Existenz von geistigen Welten einschließlich der möglichen Verbindung zu ihnen hingewiesen
- die Anwendung der Traumsymbolsprache, die mir damals noch völlig fremd war, demonstriert
- auf die verhängnisvollen Auswirkungen des Materialismus aufmerksam gemacht
- und im Rahmen einer Psychoanalyse mein eigenes Fehlverhalten und ein solches in unserer Gesellschaft aufgezeigt.
- Schließlich werden sehr wichtige Fragen im Zusammenhang mit unserem Dasein, unserem Zusammenleben und mit dem Ausleben unserer Sexualität diskutiert
- und aus den Texten geht auch hervor, dass unsere Hinwendung zum Himmel, vor allem in Zeiten seelischer Not, nicht unbeantwortet bleibt.

Zum Zeitpunkt der hier vorliegenden Tagebucheintragungen hatte ich infolge meiner damaligen Wissenschaftsgläubigkeit meinen Glauben an Gott und an die Existenz einer geistigen Welt weitgehend verloren. Ich empfand mich nur noch als ein reagierendes Wesen, das seinem Tod und der damit verbundenen Auflösung seiner Existenz entgegenlebte. Dieses bedrückte mich sehr.

Gedanken, die auf Reaktionsabläufen im Gehirn beruhten, mochte ich nicht. Dennoch verspürte ich ein starkes Drängen in mir, zu schreiben. Ich kaufte mir ein Tagebuch. Wenn ich dann nach dem üblichen Eintrag von alltäglichen Geschehnissen mich schriftlich mit einem Problem auseinandersetzen wollte, wusste ich wegen meiner negativen Einstellung der Gedankentätigkeit gegenüber meist nicht, wie ich beginnen sollte. Ich war bereit, Worte zusammenhanglos aneinanderzufügen, um ein reflexhaftes Denken zu durchbrechen und dadurch zu neuen Vorstellungsinhalten zu kommen. Meist saß ich eine Zeit lang gedankenlos vor meinem Tagebuch und wartete auf einen Einfall, der sich dann auch bald einstellte, und zwar mit einem anschließenden Wortfluss, der eine gewisse Zeit andauerte und dann plötzlich wieder abbrach. Wort für Wort dieses Wortflusses schrieb ich ins Tagebuch, ohne zu verstehen, was ich schrieb. Es war oft chaotisch und ähnelte einer schizophrenen Ausdrucksweise. Aber hinterher war ich erleichtert und hatte ein deutliches Gefühl der Zufriedenheit. 1966, mit meinem Eintritt ins Berufsleben, beendete ich meine Tagebucheintragungen. Die Tagebücher bewahrte ich sorgfältig auf. In den 1990er Jahren dachte ich wiederholt daran, sie zu verbrennen, um nach meinem Tod bei meinen

Kindern kein schlechtes bzw. falsches Bild von ihrem Vater zu hinterlassen.

Etwa 40 Jahre später, zu Beginn meines Ruhestandes, fiel mir bei einer Durchsicht der Tagebücher auf, dass die Texte stellenweise einen Dialogcharakter besaßen. Ich wurde neugierig und fand bei der Übertragung der Texte in den Computer schließlich heraus, dass es sich bei ihnen zumeist um verschlüsselte Dialoge mit meinem Unbewussten und mit der Geistigen Welt handelte, wobei ich, und zwar in der Zeit von 1957 bis 1966, ohne dass ich mir dessen bewusst war, als Schreibmedium, als eine lebendige Schreibmaschine fungierte. Die mir übermittelten Texte waren verschlüsselt, und zwar mit Hilfe von

- Traumsymbolen (die ich damals noch nicht kannte)
- Synonymen
- mir oft nicht geläufigen Wortbedeutungen
- Redewendungen bzw. Redensarten
- Wortumstellungen im Satz und Satzfragmenten
- stichwortartigen Hinweisen und
- vereinzelten Wortneuschöpfungen.

Die für die Entschlüsselung der Tagebuchtexte notwendigen Traumsymbole fand ich zumeist in einem Traumlexikon, das zum Zeitpunkt der Tagebucheintragungen noch gar nicht existierte. Ich selbst beschäftigte mich mit der Traumsymbolsprache nach meiner Erinnerung erst 20 bis 30 Jahre später. Die in den Text passenden Synonyme stammen überwiegend aus dem Synonym-Wörterbuch des Duden. Nicht selten musste ich aber ihretwegen im Internet recherchieren. Bezüglich der mir nicht geläufigen Wortbedeutungen wurde ich zumeist im Wörterbuch der deutschen Sprache von Bertelsmann (Wö. d. dt. Spr. v. Be.) fündig. Letzteres wurde erst 2004 gedruckt.

Zu erwähnen ist noch, dass von der mit mir kommunizierenden Geistigen Welt mein Umgang mit den Tagebuchtexten, der zeitliche Ablauf ihrer Identifizierung, die Schwierigkeit ihrer Interpretation und ihre anschließende Veröffentlichung vorausgesagt wurden. Dieses und viele andere in den Texten gemachte und eingetroffene zeitliche Vorhersagen

- beweisen in Verbindung mit den oben angeführten Fakten unwiderlegbar die Existenz eines materieunabhängigen Geistes.

Die in den Tagebüchern von mir selbst – bewusst oder unbewusst – vorgebrachte Kritik ist sehr oft ungerechtfertigt. Sie erinnert an das Verhalten eines kleinen Kindes, das aufgrund seiner Unwissenheit noch ungezogen und aufsässig ist und seiner Umgebung manch einen körperlichen und seelischen Schmerz zugefügt. Ich bitte deswegen meine Leser um Nachsicht bei der Lektüre, zumal die hier vorliegenden Texte, die meinerseits nicht für eine Veröffentlichung bestimmt waren, sozusagen unverändert aus meinen Tagebüchern übertragen wurden.

Die im Buch vorliegenden Tagebuchtexte werden an erster Stelle, abgesehen von geringfügigen Korrekturen, im Original wiedergegeben. An zweiter Stelle folgt ihre Differenzierung bzw. Aufgliederung und an dritter Stelle ihre Deutung. Bei der Aufgliederung wird unterschieden zwischen meinen wachbewussten Äußerungen und solchen meines Unbewussten und der Geistigen Welt. Die Texte wurden von mir viele Male überarbeitet. Trotzdem ist es möglich, dass einzelne Textstellen von mir noch nicht richtig verstanden bzw. gedeutet wurden und einer späteren Korrektur bedürfen.

Abschließend bedanke ich mich bei allen, die mir bei der Bearbeitung und Veröffentlichung meiner Tagebücher geholfen haben.

<u>Anmerkung</u>: Der Autorenname „Franz Haverkamp" ist ein Pseudonym. Er wurde gewählt wegen seiner symbolischen Beziehung zu bestimmten Textstellen im Tagebuch.

Tagebuchtexte
vom 16.11. bis 31.12.1960
original, bearbeitet und gedeutet

<u>16. November 1960</u>

So früh wie heute, am Buß- und Bettag, finde ich selten Zeit, Notizen zu machen. – Ich habe mir jetzt die Pfeife angesteckt, die brennt ganz schön – schmeckt aber nicht mehr so gut wie früher (woran mag das wohl liegen – vielleicht ist sie zu alt, das ist ja möglich, wer weiß, wer weiß.)

Der Ischiadicus hat heute mal wieder Hochzeit, ich meine, heute sind die Schmerzen, das machen die Wasserwolken am Himmel, der nur teilweise blau ist, so gemein, dass ich ständig an die gesundheitlich sündhafte Fahrt nach Frankreich erinnert werde. Da soll man noch wissenschaftlich denken können. Eigentlich, nun büße ich ja für meinen Leichtsinn, sollte man diese Extravaganzen nach Möglichkeit unterlassen. Hat aber das Schicksal den Menschen in diese peinliche Situation gebracht, ist es schlimm, ja, schlimm, und reuig sollte man sein und das nun einmal Verdorbene einsehend die Zukunft als Wissender durchschreiten!!
Die letzten Tage waren hart, vier Tage Arbeit zu Hause, wenig oder zum Teil gar nicht geschlafen (man sehe sich nur diese Widersprüchlichkeit des Wissenden an), Trauer, Trauer und noch viel mehr Trauer. Ich bin gespannt, wo das hinführt. Es tut ihr doch wahrhaftig leid, dass ich noch

keinen anderen Menschen gefunden habe, sagt am Anfang des Briefes: „Wieder eines der vielen Zeichen dafür, dass ich nicht da bin" und nennt dann anschließend ihr Verhalten „unwürdig" und sagt: „verzeih". Wenn ich Jesus wäre, dann wäre ich ja auch allwissend und könnte sie verstehen. Aber ich bin nicht Jesus und kann sie folglich auch nicht verstehen, jedenfalls nicht gefühlsmäßig, was ich für sehr sehr wichtig halte. Ich glaube, sie weiß nicht, wer <u>wer</u> ist.

Der Anatomieprofessor, ein Kölner, wie ich schon einmal sagte, imponierte mir anfangs mit der Art seines Vortrages. Nun, er tut es noch heute, hat aber etwas von seinem Glanz verloren, weil seine Witze nicht einmalig sind, sondern fest in sein Programm eingebaut sind. Das ist an sich auch nicht übel, übel nur für den Studenten, der in das Vergnügen kommt, zweimal an einem Tag dieselben Witze zu hören. Zuerst war ich etwas verlegen für den Professor (man stelle sich das vor) und glaubte, er hätte sich vertan. Das war beim ersten Witz, den er nachmittags wiederholt brachte, als neue Zuhörer hinzugekommen waren. Bei den nächsten Wiederholungen aber, jeweils mit der gleichen Begeisterung wie zuerst gebracht, hatte ich mich schon damit abgefunden, was wieder einmal für meine schnelle! Anpassungsfähigkeit spricht.

Ich esse gerade ein Brötchen mit Butterklümpchen und stelle mir dabei den Bäcker vor, der sie geschmacklos zubereitet hat. Trotzdem, ich habe Hunger, kalte Füße, die immer wieder erwähnt werden müssen, weil sie wirklich kalt sind. Gleich werde ich weiterlernen.

<u>Aufgliederung des Textes</u>

So früh wie heute, am Buß- und Bettag, finde ich selten Zeit, Notizen zu machen.
Ich habe mir jetzt die Pfeife angesteckt. Die brennt ganz schön, schmeckt aber nicht mehr so gut wie früher.

Woran mag das wohl liegen?

Vielleicht ist sie zu alt, das ist ja möglich. Wer weiß.

Wer weiß!

Der Ischiadicus hat heute mal wieder Hochzeit, ich meine, heute sind die Schmerzen – das machen die Wasserwolken am Himmel, der nur teilweise blau ist – so gemein, dass ich ständig an die gesundheitlich sündhafte Fahrt nach Frankreich erinnert werde. Da soll man noch wissenschaftlich denken können. Eigentlich – nun büße ich ja für meinen Leichtsinn – sollte man diese Extravaganzen nach Möglichkeit unterlassen. Hat aber das Schicksal den Menschen in diese peinliche Situation gebracht, ist es schlimm, …

Ja, schlimm!

… und reuig sollte man sein und, das nun einmal Verdorbene einsehend, die Zukunft als Wissender durchschreiten!!

Die letzten Tage waren hart, vier Tage Arbeit zu Hause, wenig oder zum Teil gar nicht geschlafen …

Man sehe sich nur diese Widersprüchlichkeit des Wissenden an!

… und Trauer, Trauer und noch viel mehr Trauer. Ich bin gespannt, wo das hinführt. Es tut ihr doch wahrhaftig leid, dass ich noch keinen anderen Menschen gefunden habe! Sagt am Anfang des Briefes: Wieder eines der vielen Zeichen dafür, dass ich nicht da bin – und nennt dann anschließend ihr Verhalten „unwürdig" und sagt: „Verzeih!". Wenn ich Jesus wäre, dann wäre ich ja auch allwissend und könnte sie verstehen. Aber ich bin nicht Jesus und kann sie folglich auch nicht verstehen, jedenfalls nicht gefühlsmäßig, was ich für sehr …

Sehr!

… wichtig halte. Ich glaube, sie weiß nicht, wer <u>wer</u> ist.

Der Anatomieprofessor, ein Kölner, wie ich schon einmal sagte, imponierte mir anfangs mit der Art seines Vortrages. Nun, er tut es noch heute, hat aber etwas von seinem Glanz verloren, weil seine Witze nicht einmalig sind, sondern fest in sein Programm eingebaut sind. Das ist an sich auch nicht übel, übel nur für den Studenten, der in das Vergnügen kommt, zweimal an einem Tag dieselben Witze zu hören. Zuerst war ich etwas verlegen für den Professor (man stelle sich das vor!) und glaubte, er hätte sich vertan. Das war beim ersten Witz, den er nachmittags brachte, als neue Zuhörer hinzugekommen waren. Bei den nächsten Wiederholungen aber, jeweils mit der gleichen Begeisterung wie zuvor gebracht, hatte ich mich schon damit abgefunden, was wieder einmal für meine schnelle Anpassungsfähigkeit spricht.

Ich esse gerade ein Brötchen mit Butterklümpchen und stelle mir dabei den Bäcker vor, der sie geschmacklos zubereitet hat. Trotzdem, ich habe Hunger und kalte Füße, die immer wieder erwähnt werden müssen, weil sie wirklich kalt sind. Gleich werde ich weiterlernen.

<u>Deutung</u>

> ➤ *Das fett Geschriebene könnte inspiriert sein.*

So früh wie heute, am Buß- und Bettag, finde ich selten Zeit, Notizen zu machen.
Ich habe mir jetzt die Pfeife angesteckt. Die brennt ganz schön, schmeckt aber nicht mehr so gut wie früher.

Woran mag das wohl liegen?

Vielleicht ist sie zu alt, das ist ja möglich. Wer weiß.

Wer weiß!

Der Ischiadicus hat heute mal wieder Hochzeit, ich meine, heute sind die Schmerzen – das machen die Wasserwolken am Himmel, der nur teilweise blau ist – so gemein, dass ich ständig an die gesundheitlich sündhafte Fahrt nach Frankreich erinnert werde.

> *Nämlich an eine Fahrt mit dem Moped durch Frankreich. Ich meine, dass die fahrtbedingten Erschütterungen den Bandscheiben meiner Lendenwirbelsäule geschadet haben.*

Da soll man noch wissenschaftlich denken können. Eigentlich – nun büße ich ja für meinen Leichtsinn – sollte man diese Extravaganzen nach Möglichkeit unterlassen. Hat aber das Schicksal den Menschen in diese peinliche Situation gebracht, ist es schlimm, …

Ja, schlimm!

… und reuig sollte man sein und, das nun einmal Verdorbene einsehend, die Zukunft als Wissender durchschreiten!!

Die letzten Tage waren hart, vier Tage Arbeit zu Hause, wenig oder zum Teil gar nicht geschlafen …

Man sehe sich nur diese Widersprüchlichkeit des Wissenden an!

… und Trauer, Trauer und noch viel mehr Trauer. Ich bin gespannt, wo das hinführt. Es tut ihr doch wahrhaftig leid, dass ich noch keinen anderen Menschen gefunden habe! Sagt am Anfang des

Briefes: Wieder eines der vielen Zeichen dafür, dass ich nicht da bin –

> *... dass ich nicht da sei*

und nennt dann anschließend ihr Verhalten „unwürdig" und sagt: „Verzeih!". Wenn ich Jesus wäre, dann wäre ich ja auch allwissend und könnte sie verstehen.

> *Jesus sagte nicht von sich, dass er allwissend sei.*

Aber ich bin nicht Jesus und kann sie folglich auch nicht verstehen, jedenfalls nicht gefühlsmäßig, was ich für sehr ...

Sehr!

... wichtig halte. Ich glaube, sie weiß nicht, wer <u>wer</u> ist.

Der Anatomieprofessor, ein Kölner, wie ich schon einmal sagte, imponierte mir anfangs mit der Art seines Vortrages. Nun, er tut es noch heute, hat aber etwas von seinem Glanz verloren, weil seine Witze nicht einmalig sind, sondern fest in sein Programm eingebaut sind. Das ist an sich auch nicht übel, übel nur für den Studenten, der in das Vergnügen kommt, zweimal an einem Tag dieselben Witze zu hören. Zuerst war ich etwas verlegen für den Professor (man stelle sich das vor!)

und glaubte, er hätte sich vertan. Das war beim ersten Witz, den er nachmittags brachte, als neue Zuhörer hinzugekommen waren. Bei den nächsten Wiederholungen aber, jeweils mit der gleichen Begeisterung wie zuvor gebracht, hatte ich mich schon damit abgefunden, was wieder einmal für meine schnelle Anpassungsfähigkeit spricht.

Ich esse gerade ein Brötchen mit Butterklümpchen und stelle mir dabei den Bäcker vor, der sie geschmacklos zubereitet hat. Trotzdem, ich habe Hunger und kalte Füße, die immer wieder erwähnt werden müssen, weil sie wirklich kalt sind. Gleich werde ich weiterlernen.

Keine besonderen Vorkommnisse, abgesehen davon, dass ich heute zum ersten Mal an einer Leiche präparierte. Der Anblick war nicht ausnehmend schön, eher grotesk, denn das, was da auf dem Tisch lag in abgetrennten Häuten und Fetthautfetzen, in schmutzig brauner Farbe, war mehr einer lächerlichen Fragwürdigkeit ähnlich als einem still und zufrieden verstorbenen Menschen. Der Mensch als Sache, als Gegenstand der Untersuchung, des Experimentes, verliert immer mehr von seinem Ebenbild Gottes, zumindest von jenem Ebenbild, das in der Vorstellung der alten Zeit zur höchsten Entfaltung gekommen war. Das harmonisch Ganze wird seziert, analysiert und in seinen Zusammenhängen erkannt. Dabei kommt man mit dem Fortschreiten der Forschung zu immer deutlicheren, primitiveren Formeln, die alles in ein Muss hineinzwängen. Letzteres ist allerdings noch Theorie, die sich aber bald beweisen wird. Vom abstrahiert denkenden Wesen bleibt nur noch faules Fleisch, das einen Kreislauf, den Kreislauf organischer Strukturen schließt. Da bleibt nur noch zu hoffen, Leichen so zu erhalten, dass sie dem Studierenden nicht die Luft verpesten, was unangenehm ist.

<u>Aufgliederung des Textes</u>

Keine besonderen Vorkommnisse, abgesehen davon, dass ich heute zum ersten Mal an einer Leiche präparierte. Der Anblick war nicht ausnehmend schön, eher grotesk, denn das, was da auf dem Tisch lag in abgetrennten Häuten und Fetthautfetzen, in schmutzig brauner Farbe, war mehr einer lächerlichen Fragwürdigkeit ähnlich als einem still und zufrieden verstorbenen Menschen.

Der Mensch als Sache, als Gegenstand der Untersuchung, des Experimentes, verliert immer mehr von seinem Ebenbild Gottes, zumindest von jenem Ebenbild, das in der Vorstellung der alten Zeit zur höchsten Entfaltung gekommen war! Das harmonisch Ganze wird seziert, analysiert und in seinen Zusammenhängen erkannt!

Dabei kommt man mit dem Fortschreiten der Forschung zu immer deutlicheren, primitiveren Formeln, die alles in ein Muss hineinzwängen. Letzteres ist allerdings noch Theorie, die sich aber bald beweisen wird. Vom abstrahiert denkenden Wesen bleibt nur noch faules Fleisch, das einen Kreislauf, den Kreislauf organischer Strukturen schließt. Da bleibt nur noch zu hoffen, Leichen so zu erhalten, dass sie dem Studierenden nicht die Luft verpesten, was unangenehm ist.

> ➤ _Das fett Geschriebene ist, von seinem Inhalt und Schreibstil her, sicherlich inspiriert.

Keine besonderen Vorkommnisse, abgesehen davon, dass ich heute zum ersten Mal an einer Leiche präparierte. Der Anblick war nicht ausnehmend schön, eher grotesk, denn das, was da auf dem Tisch lag in abgetrennten Häuten und Fetthautfetzen, in schmutzig brauner Farbe, war mehr einer lächerlichen Fragwürdigkeit ähnlich als einem still und zufrieden verstorbenen Menschen.

Der Mensch als Sache, als Gegenstand der Untersuchung, des Experimentes, verliert immer mehr von seinem Ebenbild Gottes, zumindest von jenem Ebenbild, das in der Vorstellung der alten Zeit zur höchsten Entfaltung gekommen war! Das harmonisch Ganze wird seziert, analysiert und in seinen Zusammenhängen erkannt!

Dabei kommt man mit dem Fortschreiten der Forschung zu immer deutlicheren, primitiveren Formeln, die alles in ein Muss hineinzwängen.

> ➤ Wörterbuch der deutschen Sprache von Bertelsmann (Wö. d. dt. Spr. v. Be.) hat

„Formel" an zweiter Stelle die Bedeutung von „kurze, treffende Zusammenfassung", zum Beispiel „einen Sachverhalt auf eine (kurze, einfache) Formel bringen". – Im gleichen Wörterbuch wird „Muss" definiert als „Notwendigkeit, Zwang", zum Beispiel „ein bitteres, hartes Muss".

Letzteres ist allerdings noch Theorie, die sich aber bald beweisen wird. Vom abstrahiert denkenden Wesen bleibt nur noch faules Fleisch, das einen Kreislauf, den Kreislauf organischer Strukturen schließt.

> *So dachte ich damals.*

Da bleibt nur noch zu hoffen, Leichen so zu erhalten, dass sie dem Studierenden nicht die Luft verpesten, was unangenehm ist.

Feierte heute privat mein frischgebackenes Homburger Studententum mit einer Flasche Rotwein, die im Laufe ihrer geistigen Beeinflussung mein Gefühlsleben so strapazierte, dass ich mich zu einem echten Liebesbrief aufraffte. Das soll vorkommen, spricht dann für den guten Kern des Säufers, der so im wirklichen Leben hinter 25 Gartenzäunen versteckt liegt. Hauptsache aber, er ist da, und das freut mich denn.

Doch muss ich mal erfahrene Trinker fragen, ob man gegen den trockenen Mund und das ernüchternde Gefühl hinterher, das bald krankhaft ist, nichts unternehmen kann. Eben trank ich noch einen Schluck, aber seltsamerweise musste ich mich schütteln. Beim Malzkaffee kann das wohl kaum passieren, hörte ich, na ja!
Es ist mittlerweile 22:10 Uhr in meinem Zimmer, das schon warm ist. Eigentlich etwas zu warm, wenn ich daran denke, dass es ungesund sein könnte. Ich kenne einen Studienkollegen, genannt Jacobitz, der in Grafenberg, wir bewohnten da ein gemeinsames Zimmer, immer die Beine, und die waren gewiss nicht kurz, aus dem Fenster hängen hatte, und das seine ganze Freizeit hindurch. Nur manchmal entschloss er sich, wenn er müde vom Dienst kam, in den Garten zu

gehen, der schon lange nicht mehr so grün war wie diese Tinte, und seinen Mittagsschlaf unter strenger Herbstsonne zu verbringen. Das nenne ich Selbstüberwindung, zumal er sich noch all-morgendlich zwecks Massage mit der platten Hand den Körper abschlug, dass es nur so durchs hohle Pflegeheim hallte. Nun, innerlich kam dabei regelmäßig meine stille Lachmuskulatur in Betrieb, wodurch dann auch meine Gesundheit indirekt gefördert wurde. Dafür bin ich dem Herrn stud. med. hum. Klaus Jacobitz eigentlich direkt dankbar, was ich an dieser Stelle ausdrück-lich gesagt haben möchte.

Seit einiger Zeit scheint es mit mir, vom Ischiadi-cus zu schweigen, bergauf zu gehen. Die miesen Regentage mit ihrem endlosen Grau, innen und außen, werden mit mehr Frohsinn durchstanden, eine relativ größere Objektivität (ich weiß nicht, ob diese entwicklungsmäßig, ich meine in Bezug auf Alter und Größe, bedingt ist) baut einen brei-teren Steg über die selbstbezogenen Stunden, in denen so oft Zweifel an der eigenen Potenz auf-tauchten oder wo über die Analyse der Fahrplan für die Synthese verloren ging. Das alles hat hof-fentlich bald einen endgültigen Abschluss, wenn man sich auch von einem natürlichen Maß an Selbstkritik nicht freimachen kann.

Ich trinke gegen alle Lust immer noch von die-sem superbilligen, sowohl quantitativ wie qualitativ, Rotwein. In ganz kleinen Schlückchen wie Essig, mit dem er eine verdammt große Ähnlichkeit hat, obwohl er Vin Rouge Oranie 14 % heißt und mit einem dezenten Etikett versehen ist. Ich denke an G., der ich heute schrieb und schrieb, dass ich ihr dieses Buch geben würde, und darum ist es gut, das Denken an „Sie" auch einmal zu schreiben. Diese faule Tour!! Ich küsse sie fortgesetzt, bis jene ungeschickten, von allzu eifrigen Händen geführten Skalpelle mich zerschnippeln. Pardon. Ich wollte das nicht sagen. Es ist eigentlich ein großes Geheimnis.

Aufgliederung des Textes

Feierte heute privat mein frischgebackenes Homburger Studententum mit einer Flasche Rotwein, die im Verlaufe ihrer geistigen Beeinflussung mein Gefühlsleben so strapazierte, dass ich mich zu einem echten Liebesbrief aufraffte. Das soll vorkommen und spricht dann für den guten Kern des Säufers, der so im wirklichen Leben hinter 25 Gartenzäunen versteckt liegt. Hauptsache aber, er ist da, und das freut mich denn.

Doch muss ich mal erfahrene Trinker fragen, ob man gegen den trockenen Mund und das ernüchternde Gefühl hinterher, das bald krankhaft ist, nichts unternehmen kann. Eben trank ich noch einen Schluck, aber seltsamerweise musste ich mich schütteln. Beim Malzkaffee kann das wohl kaum passieren, hörte ich.

Na ja!

Es ist mittlerweile 22:10 Uhr in meinem Zimmer, das schön warm ist. Eigentlich etwas zu warm, wenn ich daran denke, dass es ungesund sein könnte. Ich kenne einen Studienkollegen, genannt J., der in Grafenberg – wir bewohnten da ein gemeinsames Zimmer – immer die Beine, und die waren gewiss nicht kurz, aus dem Fenster hängen hatte, und das seine ganze Freizeit hindurch. Nur manchmal entschloss er sich, wenn er müde vom Dienst kam, in den Garten zu gehen, der schon lange nicht mehr so grün war wie diese Tinte, um seinen Mittagsschlaf unter strenger Herbstsonne zu verbringen. Das nenne ich Selbstüberwindung, zumal er sich noch allmorgendlich zwecks Massage mit der platten Hand den Körper abschlug, dass es nur so durchs hohle Pflegeheim hallte. Nun, innerlich kam dabei regelmäßig meine stille Lachmuskulatur in Betrieb, wodurch dann auch meine Gesundheit indirekt gefördert wurde. Dafür bin ich dem Herrn stud. med. hum. K. J. eigentlich direkt dankbar, was ich an dieser Stelle ausdrücklich gesagt haben möchte.

Seit einiger Zeit scheint es mit mir – vom Ischiadicus zu schweigen – bergauf zu gehen. Die miesen Regentage mit ihrem endlosen Grau, innen und außen, werden mit mehr Frohsinn durchstanden. Eine relativ größere Objektivität (ich weiß nicht, ob diese entwicklungsbedingt ist, ich meine in Bezug auf Alter und Größe) baut einen breiteren Steg über die selbstbezogenen Stunden, in denen so oft Zweifel an der eigenen Potenz auftauchen oder wo über die Analyse der Fahrplan für die Synthese verloren geht. Das alles hat hoffentlich bald einen endgültigen Abschluss, wenn man sich auch von einem natürlichen Maß an Selbstkritik nicht freimachen kann.

Ich trinke gegen alle Lust immer noch von diesem quantitativ wie qualitativ superbilligen Rotwein – in ganz kleinen Schlückchen, wie Essig, mit dem er eine verdammt große Ähnlichkeit hat, obwohl er Vin Rouge Oranie 14 % heißt und mit einem dezenten Etikett versehen ist.

Ich denke an G., der ich heute schrieb, ...

Und schrieb!

... dass ich ihr dieses Buch geben würde. Und darum ist es gut, das Denken an „Sie" auch einmal zu schreiben. ##

Diese faule Tour!!

Ich küsse sie fortgesetzt, bis jene ungeschickten, von allzu eifrigen Händen geführten Skalpelle mich zerschnippeln. Pardon. Ich wollte das nicht sagen. Es ist eigentlich ein großes Geheimnis.

<u>Deutung</u>

> ➤ Das fett Geschriebene ist möglicherweise inspiriert.

Feierte heute privat

> ➤ Das heißt allein.

mein frischgebackenes Homburger Studententum mit einer Flasche Rotwein, die im Verlaufe ihrer geistigen Beeinflussung mein Gefühlsleben so strapazierte, dass ich mich zu einem echten Liebesbrief aufraffte. Das soll vorkommen und spricht dann für den guten Kern des Säufers, der so im wirklichen Leben hinter 25 Gartenzäunen versteckt liegt.

> ➤ „Der Garten ist im Allgemeinen ein Symbol der partnerschaftlichen Bezie-

hung ..." (Günter Harnisch). — Zu „Zaun" heißt es beim gleichen Autor: „Dieses Traumbild kommt in zweifacher Bedeutung vor. Es veranschaulicht Geborgenheit und Schutz. Aber es kann auch im Sinne eines Hindernisses zu verstehen sein." — Bemerkenswert ist, dass mir die angeführten symbolischen Bedeutungen damals noch unbekannt waren.

Hauptsache aber, er ist da, und das freut mich denn.

Doch muss ich mal erfahrene Trinker fragen, ob man gegen den trockenen Mund und das ernüchternde Gefühl,

> Nämlich hinterher. — Im Wörterbuch der deutschen Sprache von Bertelsmann (Wö. d. dt. Spr. v. Be.) hat „ernüchtern" an zweiter Stelle die Bedeutung von „jemandem eine Illusion nehmen, jemandes Begeisterung dämpfen oder zerstören", zum Beispiel „eine ernüchternde Erfahrung".

das bald krankhaft ist, nichts unternehmen kann. Eben trank ich noch einen Schluck, aber seltsa-

merweise musste ich mich schütteln. Beim Malzkaffee kann das wohl kaum passieren, hörte ich.

Na ja!

Es ist mittlerweile 22:10 Uhr in meinem Zimmer,
das schön warm ist. Eigentlich etwas zu warm,
wenn ich daran denke, dass es ungesund sein
könnte. Ich kenne einen Studienkollegen, genannt J., der in Grafenberg – wir bewohnten da
ein gemeinsames Zimmer – immer die Beine,
und die waren gewiss nicht kurz, aus dem Fenster hängen hatte, und das seine ganze Freizeit
hindurch. Nur manchmal entschloss er sich,
wenn er müde vom Dienst kam, in den Garten zu
gehen, der schon lange nicht mehr so grün war
wie diese Tinte,

> *Diesen Tagebucheintrag schrieb ich mit
> grüner Tinte.*

um seinen Mittagsschlaf unter strenger Herbstsonne zu verbringen. Das nenne ich Selbstüberwindung, zumal er sich noch allmorgendlich
zwecks Massage mit der platten Hand den Körper abschlug, dass es nur so durchs hohle Pflegeheim hallte. Nun, innerlich kam dabei regelmäßig
meine stille Lachmuskulatur in Betrieb, wodurch
dann auch meine Gesundheit indirekt gefördert
wurde. Dafür bin ich dem Herrn stud. med. hum.

K. J. eigentlich direkt dankbar, was ich an dieser Stelle ausdrücklich gesagt haben möchte.

Seit einiger Zeit scheint es mit mir – vom Ischiadicus zu schweigen – bergauf zu gehen. Die miesen Regentage mit ihrem endlosen Grau, innen und außen, werden mit mehr Frohsinn durchstanden. Eine relativ größere Objektivität (ich weiß nicht, ob diese entwicklungsbedingt ist, ich meine in Bezug auf Alter und Größe) baut einen breiteren Steg über die selbstbezogenen Stunden, in denen so oft Zweifel an der eigenen Potenz auftauchen

> *Im Wö. d. dt. Spr. v. Be. wird Potenz an erster Stelle definiert als „Leistungsfähigkeit, Kraft, Macht".*

oder wo über die Analyse der Fahrplan für die Synthese verloren geht. Das alles hat hoffentlich bald einen endgültigen Abschluss, wenn man sich auch von einem natürlichen Maß an Selbstkritik nicht freimachen kann.

Ich trinke gegen alle Lust immer noch von diesem quantitativ wie qualitativ superbilligen Rotwein – in ganz kleinen Schlückchen, wie Essig, mit dem er eine verdammt große Ähnlichkeit hat, obwohl er Vin Rouge Oranie 14 % heißt und mit einem dezenten Etikett versehen ist.

Ich denke an G., der ich heute schrieb, ...

Und schrieb!

... dass ich ihr dieses Buch geben würde.

> *Nämlich das Tagebuch*

Und darum ist es gut, das Denken an „Sie" auch einmal zu schreiben.

Diese faule Tour!!

Ich küsse sie fortgesetzt, bis jene ungeschickten, von allzu eifrigen Händen geführten Skalpelle mich zerschnippeln. Pardon. Ich wollte das nicht sagen. Es ist eigentlich ein großes Geheimnis.

Heute ist wieder einmal Samstag. Ich habe derer schon so viele erlebt, schöne und säuige, dass es Überfluss ist, diese Einrichtung, die Wochentage sind gemeint, besonders zu erwähnen. Doch wenn ich schon von säuig rede, dann geschieht das nicht ohne Grund. All die Schmerzen meines Ischiadicus, die mich in den letzten Tagen piekten, hatten anscheinend das Wetter von heute angekündigt. Es war fies – säuig will ich nicht mehr sagen, sonst klingt es gleich übertrieben. Es regnete bereits, als ich um 9:00 Uhr aufstand, regnete weiter bis zum Mittag, weiter, noch weiter und steigerte sich schließlich in ein Gießen, das mir von meinem warmen Fensterplatz die Sicht versperrte. Erst jetzt, um 18:00 Uhr, wird es etwas ruhiger, doch nicht in meinem Bein, was noch ziemlich viel verspricht.

An sich ist nicht viel Neues vorgefallen. Gegen Mittag fuhr ich zur Mensa (wir haben samstags keine Vorlesungen). Dann brachte Herr B. das Fahrrad von einem seiner Söhne zum Bahnhof, um es in Richtung Schleswig Holstein, wo sein Stiefsohn Sportunterricht gibt, zu verschicken. Das kostete 23 DM, ein Heidengeld, für das er mit den Auslagen, die er hatte – er kaufte noch einen neuen Reifen, ein Rücklicht etc. – ein bes-

seres bei der Versteigerung hätte erstehen können. So was muss man sich früher überlegen, der
Ärger hinterher ist unwirtschaftlich, denn kaum
wird er noch einmal vor eine ähnliche Situation
gestellt. Manchmal werfen die Leute das Geld
direkt (aber ungewollt, weil man es sich nicht
leisten kann) zum Fenster hinaus. So auch meine
Mutter, die, um einen Wunsch meines Vaters zu
erfüllen, jeden Tag ein kleines Fläschchen Rum zu
1,70 DM kaufte. Da läuft einem doch die Galle
über. „Wieviel billiger", erzählte ich ihr, „ist es,
wenn Du eine große Flasche zu 5 DM oder 10
holst und ihm aus dieser Flasche täglich einmal
das Fläschchenquantum gibst!" Manchmal fällt
der Groschen eben langsam oder gar nicht, wie
hier, wenn er nicht von außen angestoßen würde. Ich bin überzeugt, sie kaufte heute noch
Fläschchen zu 1,70 DM, Fläschchen zu 1.70 DM,
Fläschchen …

Vom Bahnhof holte ich Herrn B. ab. Wir besorg-
ten in Homburg ein Thermometer und vier Melabontabletten, die mich endgültig bettelarm
machten. Ich habe noch 6 Pfennig.

> ➤ In Homburg hatte ich oft kein Geld. Zu
> Beginn des Studiums verzichtete ich
> darauf, das Honnefer Modell (ein finan-
> zieller Unterhaltsbeitrag für Studieren-

de, ähnlich dem heutigen BAföG) zu beantragen. Ich hatte die Absicht, das Geld für mein Studium selbst zu verdienen. Ich sah aber bald ein, dass dieses nicht möglich war, und bekam in der Folge auch einen monatlichen Geldbetrag vom Staat, den ich dann nach Abschluss des Studiums, wie es die Bestimmungen vorschrieben, teilweise zurückzahlen musste.

Hoffentlich kommt der Brief, der diese Verhältnisse schildert, bald zu Hause an und trifft nicht auf wirtschaftliche Not (die übliche).

Heute Mittag machte ich Anatomie, Gewebelehre im 1. Band und Strukturen des peripheren Nervensystems aus dem 3. Band. Für eine Abgabeprüfung in der nächsten Woche muss ich mir noch die Kopf-Halsmuskulatur ansehen, was durch die vielen, unheimlich vielen Namen, die auswendig zu lernen sind, gar nicht so einfach ist. Aber das faktische Wissen hinterher ist immer eine schöne Belohnung. Ich fahre jetzt zum Abendessen in die Mensa.

<u>20. November 1960 (Nacht)</u>

Ich bin umsonst zur Mensa gefahren, sie hatte geschlossen. Peinlich für mich darum, weil ich auf Zwischenfälle solcher Art nicht eingestellt bin. Mein Frühstück für morgen hat dran glauben müssen. Zwieback ist noch da, auch gut.
Von 19 bis 22:00 Uhr schrieb ich am Schauspiel weiter, anschließend bis jetzt, der Sonntag hat schon angefangen, machte ich den ersten Abendrundgang durch Homburg. Darüber zu berichten, lohnt sich, aber das später – gegen Mittag oder Abend, wie ich Zeit habe. Mit einem lieben Gedanken für den schweigsamen, so kleinen Mund gehe ich gleich ins Bett. Hoffentlich träume ich was Nettes, etwas Verrücktes. Hoffentlich träumen wir dasselbe, eine Begegnung im fließenden Nebel, weiße Wettermäntel mit hochgeschlagenen Krägen, durchsichtige Gesichter, die nur aus Augen bestehen, die lange, gerade Allee ohne Begrenzung, lautlose Schritte, ein lang gezogenes Hundegeheul und wieder Stille, sie kommt näher, die Straße trägt sie her, ihre Hände heben sich bittend – Nebel, weiße Mäntel, Nebel, der uns dicht umhüllt und wegweht.

Ja, die Streichhölzer sind alle, bin gezwungen, aus Papier einen Fimp zu drehen, diesen am Ofenfeuer zu entzünden, die ungewöhnlich große Flamme (manchmal hat man das Pech) dem Pfeifenkopf zu nähern und vorsichtig mit spitzem Mund und wachsamen Augen schnell die entscheidenden Züge zu tun. Dann brennt die Pfeife, der Tabak natürlich, und das innerliche Vergnügen daran. Mit viel Wohlbehagen geht man darauf zu seinem Stuhl zurück, setzt sich, zieht, nicht besonders gern, das Tagebuch hervor – und sucht nach einem guten Textbeginn. Da fällt einem das mit den Streichhölzern ein, die man nicht mehr hat, die ungewöhnliche Methode … usw.

Das französische Chanson ist Sprache, gesprochenes Gefühl, das ohne Kenntnis der Sprache verstanden wird. So echt, einfach, ungekünstelt, ohne „Schau" wird es zu einem Kontakt, jedenfalls für mich, zwischen Menschen, die die Sinnlosigkeit der Problematik eingesehen haben und sich zur natürlichen Basis ihres Seins zurückfinden wollen. Diese Entwicklung ist aber nicht unbedingt Voraussetzung. Es kann viel einfacher verstanden werden. Das Wesentliche an ihm ist der sprechende Mensch, ein beinah unmusikalisches Selbstgespräch; Betrachtungen, Flehen,

Weinen, exaltierte Freude, Lieben, Wünschen und andere Ausdrucksformen des Lebens in echter Offenheit. Kein Geschrei, kein Aufbau, keine Gliederung, Übertreibung oder gar Schwindel oder Hochstapelei und Anmaßung. Das Chanson ist in seiner Art inhaltlich ohne Menschen unmöglich, vielleicht kitschig. Erst die Stimme bringt Bedeutung in den einfachen Text, Leben, das mitfühlen lässt. Das Wunderbare dabei ist, dass hier erwachsene Menschen ohne Scheu Geheimes preisgeben und nicht kindlich und unterentwickelt wirken.

Ich stelle eben fest, dass ich verrückt geworden bin. Wieso? Das ist einfach. Warum sollte ich es nicht? Die letzte Wahrheit ist und bleibt die Anleitung zum Melken von Kühen auf Seite 367, da gibt's gar keine Zweifel. Seit einer Stunde habe ich schon vor, mir Wasser für meine Melabontablette zu holen. Ich werde es jetzt endlich tun. Bis gleich ...
So, wieder das Leben mit einer Handlung bereichert. Die Tablette scheint aber noch nicht ihren Bestimmungsort erreicht zu haben, wenn ich so fühle, denn da steckt noch was im Hals, einfach unangenehm. Ich gehe lieber noch einmal Wasser trinken ...
Jetzt ist es besser.

Wenn ich so an Homburg denke und Beeden, dann könnte ich vor Wut aus der Haut fahren. Gottverlassene Nester, in denen man nur aufpassen muss, auf der Hauptstraße zu bleiben, um nicht plötzlich mitten im Feld oder Wald zu stehen. Ich habe jetzt keine Lust mehr weiterzuschreiben und gehe essen. Es ist übrigens kurz vor 18:00 Uhr, wie gestern, und es läuten die zwei Glocken, die zwei Beedener Glocken um die Wette. Draußen ist es schon dunkel und etwas kälter geworden.

Auf meinem Tisch gibt es folgende Dinge: Links hinten Anat. Bd. II, davor Anat. Bde. I u. III. Der obere mit blauem Einschlagkarton liegt etwas schief und unter dem Schauspielbuch, das noch schiefer liegt. Rechts hinten in unordentlichem Auf- und Untereinander Kataloge von Miro, Corbusier und van Gogh, Schnellhefter, Schmierbücher, Stundenpläne und, ganz oben, Organische Chemie, aus der ich heute die Monaminosäuren Glycocoll, Alanin, Valin, Leucin, Norleucin und Isoleucin wiederholte. Das Norleucin ist eine Alpha-Aminonormalkapronsäure mit der chemischen Formel: CH3-CH2-CH2-CH2-CHNH2-COOH! Ist das keine Leistung? Ich bin ganz erschöpft. Rechts neben mir liegt mein billiges Schreibpapier, das ich geklaut habe und das überall beanstandet wird. Für meine Zwecke ist es großartig, wie geschaffen: so leicht und deformierbar, dass man es nicht nur zum Schreiben benutzen kann. Mit meinem Kugelschreiber liege ich in dauernder Fehde. Er hat eine furchtbar schnell laufende Kugel, die manchmal über ihr Ziel hinausschießt und dann Schaden anrichtet. In der Mitte und auf dem hinteren Tisch sehen wir Folgendes: eine als Schreibtischlampe fungierende Nachttischlampe, die jetzt brennt, ein Lineal, das nie benutzt, aber auch nicht weggelegt wird, eine Dose mit Ölfarben, Kreide-, Kohlekreidestifte, eine _leere_ Streichholzdose, zwei Pfeifen, von welchen die eine mit ihrem gerippelten Kopf am Aschenbecher, dessen obere Ränder blattförmig gezackt ausgestülpt sind, hochsteht. Die zweite Pfeife liegt weiter hinten, wird aber von mir am meisten geraucht. Ihre räumliche Lage zu mir hat also nichts mit einer möglichen oder augenscheinlichen Benachteiligung zu tun. Reiner Zufall. Vor dieser Pfeife steht das Wasserglas, von dem ich sehr abhängig bin. Dann folgen in Richtung auf meine werte Persönlichkeit der Pfeifenstampfer, ein Bleistift, ein Stück rote Kreide, die ich eben brauchte, und ein Radiergummi. Ob unter dem Tagebuch noch etwas liegt, entzieht sich meiner Kenntnis, lässt mich aber auch überaus kalt. Ich fahre jetzt endgültig essen.

Ich kaufte meiner Wirtin Schokolade, für ihren Mann Zigaretten, die wir aber gemeinsam rauchten: Bali, 12 Bali zu 0,90 DM, sehr empfehlenswert, beinahe ebenso todsicher wie die Roten Hände. Wir saßen anschließend unten und haben erzählt. Währenddessen kam mein Mitmieter zurück. Er wurde ebenfalls zu einem Gläschen Wein eingeladen, das trinkend und ein zweites wir weitererzählten. Nichts Wesentliches: Krankheiten, Untaten ihrer Söhne, welche, die Untaten natürlich, sie mit unleugbarem Talent hervorsprudelnd temperamentvoll zum Besten gab, dabei strickend und im Eifer der Erinnerung häufig nach Luft schnappend. Alles im Ganzen aber sehr lebensfroh, überschwänglich und stark.
Heute Morgen kam durch den Eilboten Geld von zu Hause, 20 DM, die bis zum Ersten reichen müssen. Ich habe das Tagebuch für heute satt. Es ist Schwindel, toller Versuch, sich abzulenken von dem, was in der Gegenwart da, ebenso erwartungsvoll, und doch durch tausend Berge getrennt ist, Berge unnötiger Schwierigkeiten, die sonst mit einem Wort, einem Lächeln entfernt werden können – aber leider nur sonst, denn hier scheint in der Tat eine Fehlvorstellung von Dingen zu herrschen, eine Über- oder Unterbewertung, die unüblich ist. Man macht sich das

Leben eben so schwierig und traurig, wie die Fantasie es erlaubt. Würden ähnliche Gefühle auch bei anderen Wesen vorkommen, so müsste sich eine vertrocknende Blume vor dem Wasser, welches Regen oder Gießkanne ihr bringt, verstecken und vollends sterben. Ich bin müde. Anatomie werde ich heute noch machen und Schauspiel. Für philosophische Weisheiten habe ich leider noch nicht das geeignete Papier, ohne das es dauernd nur zu neuen Anfängen kommt, weil die alten verloren gehen.

Aufgliederung des Textes

Ich bin umsonst zur Mensa gefahren, sie hatte geschlossen. Peinlich für mich darum, weil ich auf Zwischenfälle solcher Art nicht eingestellt bin. Mein Frühstück für morgen hat dran glauben müssen. Zwieback ist noch da.

Auch gut!

Von 19:00 bis 22:00 Uhr schrieb ich am Schauspiel weiter. Anschließend bis jetzt, der Sonntag hat schon angefangen, machte ich den ersten Abendrundgang durch Homburg. Darüber zu berichten, lohnt sich, aber das später – gegen Mittag oder Abend, wie ich Zeit habe. Mit einem lieben Gedanken für den schweigsamen, so kleinen Mund gehe ich gleich ins Bett. Hoffentlich träume ich was Nettes, etwas Verrücktes. Hoffentlich träumen wir dasselbe, eine Begegnung im fließenden Nebel, weiße Wettermäntel mit hochgeschlagenen Krägen, durchsichtige Gesichter, die nur aus Augen bestehen, die lange, gerade Allee ohne Begrenzung, lautlose Schritte, ein lang gezogenes Hundegeheul und wieder Stille. Sie kommt näher, die Straße trägt sie her, ihre Hände heben sich bittend. – Nebel, weiße Mäntel, Nebel, der uns dicht umhüllt und wegweht.

<u>(Tag)</u>

Ja!

Die Streichhölzer sind alle. Bin gezwungen, aus Papier einen Fimp zu drehen, diesen am Ofenfeuer zu entzünden, die ungewöhnlich große Flamme – manchmal hat man das Pech – dem Pfeifenkopf zu nähern und vorsichtig mit spitzem Mund und wachsamen Augen schnell die entscheidenden Züge zu tun. Dann brennt die Pfeife, der Tabak natürlich, und das innerliche Vergnügen daran. Mit viel Wohlbehagen geht man dann zu seinem Stuhl zurück, setzt sich, zieht, nicht besonders gern, das Tagebuch hervor – und sucht nach einem guten Textbeginn. Da fällt einem das mit den Streichhölzern ein, die man nicht mehr hat, die ungewöhnliche Methode … usw.

—

Das französische Chanson ist Sprache, gesprochenes Gefühl, das ohne Kenntnis der Sprache verstanden wird. So echt, einfach, ungekünstelt, ohne „Schau" wird es zu einem Kontakt – jedenfalls für mich – zwischen Menschen, die die Sinnlosigkeit der Problematik eingesehen haben und sich zur natürlichen Basis ihres Seins zurückfinden wollen.

Diese Entwicklung ist aber nicht unbedingt Voraussetzung. Es kann viel einfacher verstanden werden.

Das Wesentliche an ihm ist der sprechende Mensch, ein beinah unmusikalisches Selbstgespräch, Betrachtungen, Flehen, Weinen, exaltierte Freude, Lieben, Wünschen und andere Ausdrucksformen des Lebens in echter Offenheit. Kein Geschrei, kein Aufbau, keine Gliederung, Übertreibung oder gar Schwindel oder Hochstapelei und Anmaßung. Das Chanson ist in seiner Art inhaltlich ohne Menschen unmöglich, vielleicht kitschig. Erst die Stimme bringt Bedeutung in den einfachen Text, Leben, das mitfühlen lässt.

Das Wunderbare dabei ist, dass hier erwachsene Menschen ohne Scheu Geheimes preisgeben und <u>nicht</u> kindlich und unterentwickelt wirken.

Ich stelle eben fest, dass ich verrückt geworden bin. – Wieso? Das ist einfach. Warum sollte ich es nicht? Die letzte Wahrheit ist und bleibt die Anleitung zum Melken von Kühen auf Seite 367, da gibt's gar keine Zweifel. Seit einer Stunde habe ich schon vor, mir Wasser für meine Melabontablette zu holen. Ich werde es jetzt endlich tun. Bis gleich …

So, wieder das Leben mit einer Handlung bereichert. Die Tablette scheint aber noch nicht ihren Bestimmungsort erreicht zu haben, wie ich so fühle, denn da steckt noch was im Hals, einfach unangenehm. Ich gehe lieber noch einmal Wasser trinken …

Jetzt ist es besser.

Wenn ich so an Homburg denke und Beeden, dann könnte ich vor Wut aus der Haut fahren. Gottverlassene Nester, in denen man nur aufpassen muss, auf der Hauptstraße zu bleiben, um nicht plötzlich mitten im Feld oder Wald zu stehen. Ich habe jetzt keine Lust mehr weiterzuschreiben und gehe essen. Es ist übrigens kurz vor 18:00 Uhr, wie gestern, und es läuten die zwei Glocken, die zwei Beedener Glocken, um die Wette. Draußen ist es schon dunkel und etwas kälter geworden. Auf meinem Tisch gibt es folgende Dinge: Links hinten Anat. Bd. II, davor Anat. Bde. I u. III. Der obere mit blauem Einschlagkarton liegt etwas schief und unter dem Schauspielbuch, das noch schiefer liegt. Rechts hinten in unordentlichem Auf- und Untereinander Kataloge von Miro, Corbusier und van Gogh, Schnellhefter, Schmierbücher, Stundenpläne und, ganz oben, Organische Chemie, aus der ich heute die Monaminosäuren Glycocoll, Alanin, Valin, Leucin, Norleucin und Isoleucin wiederholte. Das Norleucin ist eine Alpha-Aminonormalkapronsäure mit der chemischen Formel: $CH_3-CH_2-CH_2-CH_2-CHNH_2-COOH$! Ist das keine Leistung? Ich bin ganz erschöpft. Rechts neben mir liegt mein billiges Schreibpapier, das ich geklaut habe und das überall beanstandet wird. Für meine Zwecke ist es großartig, wie geschaffen: so leicht und deformierbar, dass man es nicht nur zum Schreiben benutzen kann. Mit meinem Kugelschreiber liege ich in dauernder Fehde. Er hat eine furchtbar schnell laufende Kugel, die manchmal über ihr Ziel hinausschießt und dann Schaden anrichtet. In der Mitte und auf dem hinteren Tisch sehen wir Folgendes: Eine als Schreibtischlampe fungierende Nachttischlampe, die jetzt brennt, ein Lineal, das nie benutzt, aber auch nicht weggelegt wird, eine Dose mit Ölfarben, Kreide-, Kohlekreidestifte, eine <u>leere</u> Streichholzdose, zwei Pfeifen, von welchen die eine mit ihrem gerippelten Kopf am Aschenbecher, dessen obere Ränder blattförmig gezackt ausgestülpt sind, hochsteht. Die zweite Pfeife liegt weiter hinten, wird aber von mir am meisten geraucht. Ihre räumliche Lage zu mir hat also nichts mit einer möglichen oder augenscheinlichen Benachteiligung zu tun. Reiner Zufall. Vor dieser Pfeife steht das Wasserglas, von dem ich sehr abhängig bin. Dann folgen in Richtung auf meine werte Persönlichkeit der Pfeifenstampfer, ein Bleistift, ein Stück rote Kreide, die ich eben brauchte, und ein Radiergummi. Ob unter dem Tagebuch noch etwas liegt, entzieht sich meiner Kenntnis, lässt mich aber auch überaus kalt. Ich fahre jetzt endgültig essen.

<u>21:00 Uhr</u>

Ich kaufte meiner Wirtin Schokolade, für ihren Mann Zigaretten, die wir aber gemeinsam rauchten: Bali, 12 Bali zu 0,90 DM, sehr empfehlens-

wert, beinahe ebenso todsicher wie die Roten Hände. Wir saßen anschließend unten und haben erzählt. Währenddessen kam mein Mitmieter zurück. Er wurde ebenfalls zu einem Gläschen Wein eingeladen, das trinkend und ein zweites wir weitererzählten – nichts Wesentliches: Krankheiten, Untaten ihrer Söhne, welche – die Untaten natürlich – sie mit unleugbarem Talent hervorsprudelnd temperamentvoll zum Besten gab, dabei strickend und im Eifer der Erinnerung häufig nach Luft schnappend. Alles in allem aber sehr lebensfroh, überschwänglich und stark.
Heute Morgen kam durch den Eilboten Geld von zu Hause, 20 DM, die bis zum Ersten reichen müssen. Ich habe das Tagebuch für heute satt. Es ist ein Schwindel, ein toller Versuch, sich abzulenken von dem, was in der Gegenwart da ist, ebenso erwartungsvoll, und doch durch tausend Berge getrennt ...

Berge unnötiger Schwierigkeiten, die sonst mit einem Wort, einem Lächeln entfernt werden können – aber leider nur sonst, denn hier scheint in der Tat eine Fehlvorstellung von Dingen zu herrschen, eine Über- oder Unterbewertung, die unüblich ist. Man macht sich das Leben eben so schwierig und traurig, wie die Fantasie es erlaubt. Würden ähnliche Gefühle auch bei anderen Wesen vorkommen, so müsste sich eine vertrocknende Blume vor dem Wasser, welches Regen oder Gießkanne ihr bringt, verstecken und vollends sterben!

Ich bin müde. Anatomie werde ich heute noch machen und Schauspiel. Für philosophische Weisheiten habe ich leider noch nicht das geeignete Papier, ohne das es dauernd nur zu neuen Anfängen kommt, weil die alten verloren gehen.

<u>Deutung</u>

Ich bin umsonst zur Mensa gefahren, sie hatte geschlossen. Peinlich für mich darum, weil ich auf Zwischenfälle solcher Art nicht eingestellt bin. Mein Frühstück für morgen hat dran glauben müssen. Zwieback ist noch da.

Auch gut!
 - *Möglicherweise ein Kommentar im Selbstgespräch, vielleicht auch inspiriert.*

Von 19:00 bis 22:00 Uhr schrieb ich am Schauspiel weiter.
 - *Näheres dazu, weil noch nicht bearbeitet, evtl. zu einem späteren Zeitpunkt.*

Anschließend bis jetzt, der Sonntag hat schon angefangen, machte ich den ersten Abendrundgang durch Homburg. Darüber zu berichten, lohnt sich, aber das später – gegen Mittag oder Abend, wie ich Zeit habe. Mit einem lieben Gedanken für den schweigsamen, so kleinen Mund gehe ich gleich ins Bett. Hoffentlich träume ich was Nettes, etwas Verrücktes.

> *Die nachfolgende Darstellung ist wohl mithilfe der Inspiration zustande gekommen.*

Hoffentlich träumen wir dasselbe, eine Begegnung im fließenden Nebel,

> *„Wie der Nebel in der Wirklichkeit genaues Erkennen und Orientierung verhindert, so gilt er auch in der Traumsprache als Symbol für Ungewissheit, Zweifel, Unsicherheit und Sinnestäuschung." (Günter Harnisch)*

weiße Wettermäntel mit hochgeschlagenen Krägen,

> *„Der Mantel als Traumsymbol hat Schutzfunktion ..." (Günter Harnisch). – „In unserem Kulturkreis gilt Weiß als Farbe der Reinheit und Unschuld ..." (Günter Harnisch)*

durchsichtige Gesichter, die nur aus Augen bestehen,

> Im Wörterbuch der deutschen Sprache
> von Bertelsmann (Wö. d. dt. Spr. v. Be.)
> hat „durchsichtig" an dritter Stelle (im
> übertragenen Sinn) die Bedeutung von
> „leicht zu erkennen, leicht durchschau-
> bar". – „Der Ausdruck des Gesichts
> kann seelische Befindlichkeiten wider-
> spiegeln. Er kann aber auch als Maske
> zu verstehen sein. Dann weist er auf
> Täuschung oder Selbsttäuschung hin."
> (Günter Harnisch). – „Im Volksmund
> bezeichnet man die Augen als den Spie-
> gel der Seele. Das Auge hat im Traum
> die Symbolbedeutung eines Bewusst-
> seinsorgans ..." (Günter Harnisch)

die lange, gerade Allee ohne Begrenzung,

> „Straßen oder Wege erscheinen im
> Traum als Symbole des Lebenswegs ..."
> (Günter Harnisch)

lautlose Schritte,

> „Die Art des Gehens gibt Hinweise auf
> den gegenwärtigen Zustand, in dem

sich jemand befindet ...“ (Günter Harnisch)

ein lang gezogenes Hundegeheul

> „Der Hund kommt im Traum in zweifacher Symbolbedeutung vor: Er gilt als Wächter für den Besitz des Menschen, als Schutz gegen Angriffe und als treuer Freund. Er kann aber auch Symbol für Aggressionen darstellen.“ (Günter Harnisch)

und wieder Stille. Sie kommt näher, die Straße trägt sie her, ihre Hände heben sich bittend. – Nebel, weiße Mäntel, Nebel, der uns dicht umhüllt und wegweht.

(Tag)

> Das fett Geschriebene ist wohl inspiriert.

Ja!

> Wohl als Kommentar zu verstehen auf meine Darstellung am Ende des vorausgegangen Tagebucheintrags.

Die Streichhölzer sind alle. Bin gezwungen, aus Papier einen Fimp zu drehen,

> Das Wort „Fimp" finde ich nicht im Wörterbuch. Vielleicht hatte ich es aus dem Elternhaus oder aus meiner Umgebung. Gemeint war damit ein Stück eng zusammengerolltes Papier zum Übertragen einer kleinen Flamme auf etwas, das ich anzünden wollte.

diesen am Ofenfeuer zu entzünden, die ungewöhnlich große Flamme – manchmal hat man das Pech – dem Pfeifenkopf zu nähern und vorsichtig mit spitzem Mund und wachsamen Augen schnell die entscheidenden Züge zu tun. Dann brennt die Pfeife, der Tabak natürlich, und das innerliche Vergnügen daran. Mit viel Wohlbehagen geht man dann zu seinem Stuhl zurück, setzt sich, zieht, nicht besonders gern, das Tagebuch hervor – und sucht nach einem guten Textbeginn. Da fällt einem das mit den Streichhölzern ein, die man nicht mehr hat, die ungewöhnliche Methode ... usw.

> Lebhaft habe ich noch in Erinnerung, das Tagebuch zu nehmen, um zu schreiben, ohne aber eigentlich zu wissen, über was ich schreiben sollte.

—

Das französische Chanson ist Sprache, gesprochenes Gefühl, das ohne Kenntnis der Sprache verstanden wird. So echt, einfach, ungekünstelt, ohne „Schau" wird es zu einem Kontakt – jedenfalls für mich – zwischen Menschen, die die Sinnlosigkeit der Problematik eingesehen haben und sich zur natürlichen Basis ihres Seins zurückfinden wollen.

Diese Entwicklung ist aber nicht unbedingt Voraussetzung. Es kann viel einfacher verstanden werden.

Das Wesentliche an ihm ist der sprechende Mensch, ein beinah unmusikalisches Selbstgespräch, Betrachtungen, Flehen, Weinen, exaltierte Freude, Lieben, Wünschen und andere Ausdrucksformen des Lebens in echter Offenheit. Kein Geschrei, kein Aufbau, keine Gliederung, Übertreibung oder gar Schwindel oder Hochstapelei und Anmaßung. Das Chanson ist in seiner Art inhaltlich ohne Menschen unmöglich, vielleicht kitschig. Erst die Stimme bringt Bedeutung in den einfachen Text, Leben, das mitfühlen lässt.

Das Wunderbare dabei ist, dass hier erwachsene Menschen ohne Scheu Geheimes preisgeben und <u>nicht</u> kindlich und unterentwickelt wirken.

> Im Anschluss an den letzten Satz sind im Tagebuch mit roter Kreide zwei kurze dicke Striche gezogen, die mit etwas Fantasie zwei rote Lippen bzw. einen kleinen roten Mund darstellen könnten.

Ich stelle eben fest, dass ich verrückt geworden bin. – Wieso? Das ist einfach. Warum sollte ich es nicht? Die letzte Wahrheit ist und bleibt die Anleitung zum Melken von Kühen auf Seite 367, da gibt's gar keine Zweifel.

> An eine „Anleitung zum Melken von Kühen auf Seite 367" erinnere ich mich nicht mehr. Möglicherweise ist diese Textstelle symbolisch zu verstehen, denn zu „Kuh" schreibt Günter Harnisch unter anderem: „Im Traum ist die Kuh meist ein Sinnbild umsorgender mütterlicher Weiblichkeit …" – Und zu „Milch" heißt es beim gleichen Autor: „Milch im Traum deutet auf den nährenden und sorgenden Aspekt des Weiblichen hin. Im übertragenen Sinne

Seit einer Stunde habe ich schon vor, mir Wasser für meine Melabontablette zu holen. Ich werde es jetzt endlich tun. Bis gleich …

So, wieder das Leben mit einer Handlung bereichert. Die Tablette scheint aber noch nicht ihren Bestimmungsort erreicht zu haben, wie ich so fühle, denn da steckt noch was im Hals, einfach unangenehm. Ich gehe lieber noch einmal Wasser trinken …

Jetzt ist es besser.

Wenn ich so an Homburg denke und Beeden,

> *Mein Wohnort während des 3. Semesters.*

dann könnte ich vor Wut aus der Haut fahren. Gottverlassene Nester, in denen man nur aufpassen muss, auf der Hauptstraße zu bleiben, um nicht plötzlich mitten im Feld oder Wald zu stehen. Ich habe jetzt keine Lust mehr weiterzuschreiben und gehe essen. Es ist übrigens kurz vor 18:00 Uhr, wie gestern, und es läuten die zwei Glocken, die zwei Beedener Glocken, um die Wette. Draußen ist es schon dunkel und etwas kälter geworden. Auf meinem Tisch gibt es folgende Dinge: Links hinten Anat. Bd. II, davor Anat. Bde. I u. III. Der obere mit blauem Einschlagkarton liegt etwas schief und unter dem Schauspielbuch, das noch schiefer liegt. Rechts hinten in unordentlichem Auf- und Untereinander Kataloge von Miro, Corbusier und van Gogh, Schnellhefter, Schmierbücher, Stundenpläne und, ganz oben, Organische Chemie, aus der ich heute die Monaminosäuren Glycocoll, Alanin, Valin, Leucin, Norleucin und Isoleucin wiederholte. Das Norleucin ist eine Alpha-Aminonormalkapronsäure

> *Alpha-Amino-n-Capronsäure*

mit der chemischen Formel: CH3-CH2-CH2-CH2-CHNH2-COOH! Ist das keine Leistung? Ich bin ganz erschöpft. Rechts neben mir liegt mein billiges Schreibpapier, das ich geklaut habe und das überall beanstandet wird.

> *Nach meiner Erinnerung wohl Servietten oder Toilettenpapier.*

Für meine Zwecke ist es großartig, wie geschaffen: so leicht und deformierbar, dass man es nicht nur zum Schreiben benutzen kann. Mit

66

meinem Kugelschreiber liege ich in dauernder Fehde. Er hat eine furchtbar schnell laufende Kugel, die manchmal über ihr Ziel hinausschießt und dann Schaden anrichtet. In der Mitte und auf dem hinteren Tisch sehen wir Folgendes: Eine als Schreibtischlampe fungierende Nachttischlampe, die jetzt brennt, ein Lineal, das nie benutzt, aber auch nicht weggelegt wird, eine Dose mit Ölfarben, Kreide-, Kohlekreidestifte, eine <u>leere</u> Streichholzdose, zwei Pfeifen, von welchen die eine mit ihrem gerippelten Kopf am Aschenbecher, dessen obere Ränder blattförmig gezackt ausgestülpt sind, hochsteht. Die zweite Pfeife liegt weiter hinten, wird aber von mir am meisten geraucht. Ihre räumliche Lage zu mir hat also nichts mit einer möglichen oder augenscheinlichen Benachteiligung zu tun. Reiner Zufall. Vor dieser Pfeife steht das Wasserglas, von dem ich sehr abhängig bin. Dann folgen in Richtung auf meine werte Persönlichkeit der Pfeifenstampfer, ein Bleistift, ein Stück rote Kreide, die ich eben brauchte,

> *Siehe oben (unter dem letzten fett geschriebenen Kommentar)*

und ein Radiergummi. Ob unter dem Tagebuch noch etwas liegt, entzieht sich meiner Kenntnis, lässt mich aber auch überaus kalt. Ich fahre jetzt endgültig essen.

Ich kaufte meiner Wirtin Schokolade, für ihren Mann Zigaretten, die wir aber gemeinsam rauchten: Bali, 12 Bali zu 0,90 DM, sehr empfehlenswert, beinahe ebenso todsicher wie die Roten Hände.

> *Mit letzteren sind Zigaretten der Marke Roth-Händle gemeint.*

Wir saßen anschließend unten und haben erzählt. Währenddessen kam mein Mitmieter zurück. Er wurde ebenfalls zu einem Gläschen Wein eingeladen, das trinkend und ein zweites wir weitererzählten – nichts Wesentliches: Krankheiten, Untaten ihrer Söhne, welche – die Untaten natürlich – sie

> *Nämlich die Wirtin.*

mit unleugbarem Talent hervorsprudelnd temperamentvoll zum Besten gab, dabei strickend und im Eifer der Erinnerung häufig nach Luft schnappend. Alles in allem aber sehr lebensfroh, überschwänglich und stark.

Heute Morgen kam durch den Eilboten Geld von zu Hause, 20 DM, die bis zum Ersten reichen müssen. Ich habe das Tagebuch für heute satt. Es ist ein Schwindel, ein toller Versuch, sich abzulenken von dem, was in der Gegenwart da ist,

> *Gemeint ist G.*

ebenso erwartungsvoll, und doch durch tausend Berge getrennt ...

Berge unnötiger Schwierigkeiten, die sonst mit einem Wort, einem Lächeln entfernt werden können – aber leider nur sonst, denn hier scheint in der Tat eine Fehlvorstellung von Dingen zu herrschen, eine Über- oder Unterbewertung, die unüblich ist. Man macht sich das Leben eben so schwierig und traurig, wie die Fantasie es erlaubt. Würden ähnliche Gefühle auch bei anderen Wesen vorkommen, so müsste sich eine vertrocknende Blume vor dem Wasser, welches Regen oder Gießkanne ihr bringt, verstecken und vollends sterben!

Ich bin müde. Anatomie werde ich heute noch machen und Schauspiel. Für philosophische Weisheiten habe ich leider noch nicht das geeignete Papier, ohne das es dauernd nur zu neuen Anfängen kommt, weil die alten verloren gehen.

Ich log nicht, als ich eben nach Hause schrieb, die letzten Tabakkrümel in der Pfeife wären nun auch dahin. So geht es manchmal. Die Reichen wissen gar nicht, wie reich sie sind, und die Armen nicht, was sie haben. Das ist mehr als unverständlich, ich meine es aber bestimmt so. Bei tausend Küssen zählt der eine nicht, bei null Küssen aber wie tausend. So ist's besser. Man sollte viel mehr mit Küssen arbeiten, da werden nämlich die Schwierigkeiten gleich aus dem Weg geräumt. Ja, viel mehr Küsse.

Heute keine Post! Morgen keine Post, übermorgen nicht. Ich weiß nichts, gar nichts mehr. Krieg, polemische Gefühle, Verachtung, Hass, Elend? Ein seltenes Kind. Geht zum P. und Wen-kenn-ich hin, um auszuposaunen, auszuposaunen mit geschwellter Brust und verächtlichem Lächeln: <u>Ich</u> habe Schluss gemacht. Keine Lust mehr!

So viel Krampf, Schwindel, Angst vor sich selbst und einem möglichen Sitzengelassenwerden, wie schon einmal, stößt ab, ist verdächtig. Ein Junge ist keine Ware, kein Kleid, das man stolz ausführt und dann in den Kleiderschrank tut, eher ein kleines Kind, das man auch mal für einen Spaziergang gebrauchen kann, meist aber in der Gosse liegt und sehr viel Ärger, Kummer – und

Angst macht, wenn es was anstellt. Man darf das aber nicht so wichtig nehmen.

<u>Aufgliederung des Textes</u>

Ich log nicht, als ich eben nach Hause schrieb, die letzten Tabakkrümel in der Pfeife wären nun auch dahin. So geht es manchmal. Die Reichen wissen gar nicht, wie reich sie sind, und die Armen nicht, was sie haben.

Das ist mehr als unverständlich!

Ich meine es aber bestimmt so. Bei tausend Küssen zählt der eine nicht, bei null Küssen aber wie tausend.

So ist's besser!

Man sollte viel mehr mit Küssen arbeiten, da werden nämlich die Schwierigkeiten gleich aus dem Weg geräumt.

Ja, viel mehr Küsse!

Heute keine Post! Morgen keine Post, übermorgen nicht! Ich weiß nichts, gar nichts mehr. Krieg, polemische Gefühle, Verachtung, Hass, Elend?

Ein seltenes Kind. Geht zum P. und Wen-kenn-ich hin, um auszuposaunen, auszuposaunen mit geschwellter Brust und verächtlichem Lächeln: „<u>Ich habe Schluss gemacht. Keine Lust mehr!</u>"
So viel Krampf, Schwindel, Angst vor sich selbst und einem möglichen Sitzen-gelassen-werden – wie schon einmal – stößt ab, ist verdächtig. Ein Junge ist keine Ware, kein Kleid, das man stolz ausführt und dann in den Kleiderschrank tut. Eher ein kleines Kind, das man auch mal für einen Spaziergang gebrauchen kann, meist aber in der Gosse liegt und sehr viel Ärger, Kummer – und Angst macht, wenn es etwas anstellt. Man darf das aber nicht so wichtig nehmen.

<u>Deutung</u>
 ➢ *Die fett geschriebenen Textstellen sind möglicherweise inspiriert.*

Ich log nicht, als ich eben nach Hause schrieb, die letzten Tabakkrümel in der Pfeife wären nun auch dahin. So geht es manchmal. Die Reichen wissen gar nicht, wie reich sie sind, und die Armen nicht, was sie haben.

Das ist mehr als unverständlich!

Ich meine es aber bestimmt so. Bei tausend Küssen zählt der eine nicht, bei null Küssen aber wie tausend.

So ist's besser!

Man sollte viel mehr mit Küssen arbeiten, da werden nämlich die Schwierigkeiten gleich aus dem Weg geräumt.

> „Der Kuss symbolisiert eine innige Annäherung. Sie kann, aber muss nicht erotischen Charakter haben. Der Mund ist das Organ der Sprache. So meint das Traumbewusstsein mit dem Kuss meist eine geistige Kommunikation, eine Verbundenheit, wie sie sich im Bruderschaftskuss der Politiker mancher Länder, zum Beispiel in Frankreich und Russland, als Symbol friedlicher Verständigung ihrer Völker ausdrückt. Mit dem Kuss weist das Traumbewusstsein darauf hin, dass der Träumende mit einem bestimmten Menschen eine engere Beziehung aufnehmen oder – falls Streit herrscht – sich mit ihm versöhnen soll. Selbst Zungenküsse im Traum

brauchen nicht sexuell motiviert zu sein. Sie unterstreichen nur den Hinweis auf die Notwendigkeit der seelischen oder geistigen Beziehungsaufnahme zu dem im Traum dargestellten Menschen." (Günter Harnisch)

Ja, viel mehr Küsse!

Heute keine Post! Morgen keine Post, übermorgen nicht!

> Gemeint ist Post von G.

Ich weiß nichts, gar nichts mehr. Krieg, polemische Gefühle, Verachtung, Hass, Elend? Ein seltenes Kind. Geht zum P. und Wen-kenn-ich hin, um auszuposaunen, auszuposaunen mit geschwellter Brust und verächtlichem Lächeln: „<u>Ich</u> habe Schluss gemacht. Keine Lust mehr!"
So viel Krampf, Schwindel, Angst vor sich selbst und einem möglichen Sitzen-gelassen-werden – wie schon einmal – stößt ab, ist verdächtig. Ein Junge ist keine Ware, kein Kleid, das man stolz ausführt und dann in den Kleiderschrank tut. Eher ein kleines Kind, das man auch mal für einen Spaziergang gebrauchen kann, meist aber in der Gosse liegt und sehr viel Ärger, Kummer –

74

und Angst macht, wenn es etwas anstellt. Man
darf das aber nicht so wichtig nehmen.

Patient im Rapportbuch in Grafenberg bedeutete immer Not. Soweit ist es. Ich hungere mir den Tag so zusammen, dass es in meinem Bauch die bekannten Gefühle eines verärgerten Magens gibt. Soll der sich nur ärgern, das muss ich ja auch. Aber eine Schande ist es ja.

Was soll ich vom Expander erzählen? Er stählt meine Arm- und Brustmuskulatur, dass es eine wahre Freude ist. Vier Adern von sechs möglichen schaffe ich. Zuerst nur drei, ein Fortschritt. Muss doch in Homburg etwas Positives leisten. Da ist das Ziehen gerade richtig für.

Gleich neben uns, auch in einem Haus, einem Häuschen vielmehr, oder, es war mal ein Häuschen, wohnt ein Rentner, ein Kommunist, der sein Eigentum, der Regen tropft fix durch die Zimmerdecken, verfallen lässt, um den einrückenden Russen sein Leid und seine Unterdrückung und Verfolgung eindringlich demonstrieren zu können. Die Nachbarn verfolgen ihn, sagt er, und schadeten ihm, wo sie könnten. Nach dem Einmarsch der Roten Armee will er als neuer Bürgermeister (wie kommunistisch!) auf <u>weißem</u> Schimmel durch das Dorf reiten und alle aufhängen, jedem Nachbarn, der einstmals seinen Unwillen erregte, hat er schon seinen Baum gezeigt.

Verdammt, ich habe Hunger, keinen Tabak, aber Wasser und Melabon. Der Gedanke an ein trockenes Brötchen macht mich verrückt. Bon nuit.

Ich stinke entsetzlich nach Formalin, der Flüssigkeit, die bestimmten Dahingeschiedenen über längere Zeit ein Dauerbad ist, aus dem sie dann endlich die kräftigen Pinzetten der Stud. (♀) und (♂) heben. Das Zeichen (♀) fand ich heute im physiol. chem. Institut an der Damentoilette, und ich wunderte mich, wozu hier eine Sakristei sein müsse. Aber gleich nebenan war das Männerklosett, was an der Tür mit (♂) angezeigt wurde. So verschafften mir meine zoologischen Kenntnisse den stillen Ort, so ganz ohne Wort.

<u>Aufgliederung des Textes und Erläuterung</u>

Ein Patient im Rapportbuch in Grafenberg bedeutete immer Not. So weit ist es.

> *Der letzte Satz ist zu ergänzen zu: So weit ist es mit mir.*

Ich hungere mir den Tag so zusammen, dass es in meinem Bauch die bekannten Gefühle eines verärgerten Magens gibt. Soll der sich nur ärgern, das muss ich ja auch.

Aber eine Schande ist es ja!

> ➢ Wohl inspiriert, denn mit meinem wenigen Geld unterhielt ich eine Isetta, kaufte Zigaretten, Tabak und Wein und ließ meinen Körper darben.

Was soll ich vom Expander erzählen? Er stählt meine Arm- und Brustmuskulatur, dass es eine wahre Freude ist. Vier Adern von sechs möglichen schaffe ich. Zuerst nur drei, ein Fortschritt. Muss doch in Homburg etwas Positives leisten. Da ist das Ziehen gerade richtig für.

Gleich neben uns, auch in einem Haus, einem Häuschen vielmehr – oder es war mal ein Häuschen – wohnt ein Rentner, ein Kommunist, der sein Eigentum – der Regen tropft fix durch die Zimmerdecken – verfallen lässt, um den einrückenden Russen sein Leid und seine Unterdrückung und Verfolgung eindringlich demonstrieren zu können. Die Nachbarn verfolgen ihn, sagt er, und schadeten ihm, wo sie könnten. Nach dem Einmarsch der Roten Armee will er als neuer Bürgermeister (wie kommunistisch!) auf <u>weißem</u> Schimmel durch das Dorf reiten und alle aufhängen. Jedem Nachbarn, der einstmals seinen Unwillen erregte, hat er schon seinen Baum gezeigt.

Verdammt, ich habe Hunger, keinen Tabak, aber Wasser und Melabon. Der Gedanke an ein trockenes Brötchen macht mich verrückt.

Bon nuit!

> *Möglicherweise ein inspirierter Vorschlag im Sinne von: Geh schlafen!*

Ich stinke entsetzlich nach Formalin, nach der Flüssigkeit, die bestimmten Dahingeschiedenen über längere Zeit ein Dauerbad ist, aus dem sie dann endlich die kräftigen Pinzetten der Stud. (♀) und (♂) heben. Das Zeichen (♀) fand ich heute im Physiol. -chem. Institut an der Damentoilette, und ich wunderte mich, wozu hier eine Sakristei sein müsse. Aber gleich nebenan war das Männerklosett, was an der Tür mit (♂) angezeigt wurde. So verschafften mir meine zoologischen Kenntnisse den stillen Ort, so ganz ohne Wort.

<u>23. November 1960</u>

Eben von der Uni gekommen und den Ofen mit Papier und großem Holz angesteckt. Man glaubt nicht, wie einfach das ist, wenn man es kann. Moment, er ist so verdächtig still, ich muss nach dem Ofen sehen: die Wendung verlernt man dann mit der Zeit, sie verbrennt in den hellen Flammen des alten Dauerbrenners.
Nur die Internationale Versicherungskarte, um die ich nach Köln schrieb, ist gekommen – und ein bisschen besseres Wetter. Ich werde jetzt einen Mittagsschlaf machen für eine Stunde, weil ich in den letzten beiden Nächten wenig geschlafen habe. Die Mittagsruhe verzehnfacht die Arbeitslust und bringt neue Einfälle, die ich ja brauche, um mich „abzulenken", da ich mich mit Arbeit nicht „„überladen"" kann. Das ist dann sehr gut und überbrückt so vieles! Was denn? – eine Frage!: die Unwürdigkeit.

<u>Abends, 23:30 Uhr</u>

Ich liebe meine G.. Eben habe ich lachen, innerlich lachen müssen – nicht darüber, sondern über eine recht sonderbare Feststellung. Trotz des Fehlens geeigneten Papiers habe ich meine Philosophie angefangen, Gott segne sie, und zwar, weil ich gerade Lust dazu hatte, mit der Zeitdefinition. Da stößt man auf ungeahnte Dinge. Wie machen es zwei Menschen, dass sie gleich schnell leben, sich also immer wieder in derselben Zeit treffen? Komischer Gedanke: sie könnten sich temporär voneinander trennen, das Leben des einen würde für den anderen echte Zukunft. Das müsste es geben. So vieles änderte sich dann: man schaltete den ersten Gang ein und würde langsamer fahren als normal mit dem dritten oder vierten, das heißt, man bliebe hinter seiner Zeit und rutschte allmählich in die Vergangenheit, das Leben der Schnelleren wäre immer Zukunft, man träfe sie erst, wenn sie stürben. Dann kämen sie langsam entgegen und blieben, wie die Erinnerung an etwas Dagewesenes. Wollte man aber seine Zeit wieder einholen, müsste man superschnell mit Düsenantrieb sein. Jedenfalls eröffnet dieser Gedanke eine ganz neue Perspektive für die Bewältigung zukünftiger Bevölkerungsprobleme. Die Schweizer Frauen brauchten sich nach dem vierten Kind nicht mehr unfruchtbar machen zu lassen, aus Angst, mehr Kinder zu kriegen.

Was aber dieses neue Zukunftsbild angeht, möchte ich da als intertemporärer Vermittler fungieren, der dauernd gegenwärtig zwischen Zukunft und Vergangenheit pendelt.

<u>Aufgliederung des Textes und Erläuterung</u>

> ➢ *Das fett Geschriebene ist möglicherweise inspiriert.*

Eben von der Uni gekommen und den Ofen mit Papier und großem Holz angesteckt. Man glaubt nicht, wie einfach das ist, wenn man es kann. „Moment, er ist so verdächtig still, ich muss nach dem Ofen sehen" – diese Wendung verlernt man dann mit der Zeit, sie verbrennt in den hellen Flammen des alten Dauerbrenners.

> ➢ *Mit „Wendung" ist eine Redewendung gemeint.*

Nur die Internationale Versicherungskarte, um die ich nach Köln schrieb, ist gekommen – und ein bisschen besseres Wetter. Ich werde jetzt einen Mittagsschlaf machen für eine Stunde, weil ich in den letzten beiden Nächten wenig geschlafen habe. Die Mittagsruhe verzehnfacht die Arbeitslust und bringt neue Einfälle, die ich ja brauche, um mich „abzulenken",

> ➢ *Das Wort „abzulenken" und das folgende Wort in Anführungszeichen habe ich wohl aus Briefen von G. übernommen.*

da ich mich mit Arbeit nicht „überladen" kann. Das ist dann sehr gut und überbrückt so vieles!

Was denn?

Eine Frage! Die Unwürdigkeit!

<u>Abends, 23:30 Uhr</u>

Ich liebe meine G. – Eben habe ich lachen, innerlich lachen müssen – nicht darüber, sondern über eine recht sonderbare Feststellung. Trotz des Fehlens geeigneten Papiers habe ich meine Philosophie angefangen …

Gott segne sie!

… und zwar, weil ich gerade Lust dazu hatte, mit der Zeitdefinition. Da stößt man auf ungeahnte Dinge. Wie machen es zwei Menschen, dass sie gleich schnell leben, sich also immer wieder in derselben Zeit treffen?! Komischer Gedanke, sie könnten sich temporär voneinander trennen, das Leben des einen würde für den anderen echte Zukunft. Das müsste es geben! So vieles änderte sich dann: Man schaltete den ersten Gang ein und würde langsamer fahren als normal mit dem dritten oder vierten, das heißt, man bliebe hinter seiner Zeit und rutschte allmählich in die Vergangenheit. Das Leben der Schnelleren wäre immer Zukunft, man träfe sie erst, wenn sie stürben.

Dann kämen sie langsam entgegen und blieben, wie die Erinnerung an etwas Dagewesenes. Wollte man aber seine Zeit wieder einholen, müsste man superschnell mit Düsenantrieb sein. Jedenfalls eröffnet dieser Gedanke eine ganz neue Perspektive für die Bewältigung zukünftiger Bevölkerungsprobleme. Die Schweizer Frauen brauchten sich nach dem vierten Kind nicht mehr unfruchtbar machen zu lassen, aus Angst, mehr Kinder zu kriegen.

Was aber dieses neue Zukunftsbild angeht, möchte ich da als intertemporärer Vermittler fungieren, der dauernd gegenwärtig zwischen Zukunft und Vergangenheit pendelt.

> Wie ernsthaft ich dieses 1960 schrieb, weiß ich heute nicht mehr.

23. November (?), zum Bild einer von mir gemal-
ten kleinen Geige mit rotem Korpus

Du bist die Verzweiflung,
du bist die hohe Zeit
der Blüte, die Zeit des Todes.
Auf weichen Winden der See
wandelt deine Welt
hinaus in den bunten Garten
der Kinder, und Klänge
füllen den Raum, bewegte
Saiten spielen mit dir
die Vollendung.

Aufgliederung des Textes

Du bist die Verzweiflung,
du bist die hohe Zeit der Blüte,die Zeit des Todes.

*Auf weichen Winden der See
wandelt deine Welt
hinaus in den bunten Garten der Kinder,
und Klänge füllen den Raum,
bewegte Saiten spielen mit dir
die Vollendung*!

<u>Deutung</u>

> ➢ *Ein inspirierter Vers. – Zu Geige schreibt Günter Harnisch: „Geige und Cello werden oft mit dem weiblichen Körper verglichen. Die Einbuchtung in der Mitte gleicht der Taille. Musik ist die Sprache, in der sich der Gefühlsbereich, vor allem die Liebe, mitteilt. Entsprechende Botschaften vermittelt das Traumbewusstsein mit dem Bild der Geige oder vergleichbaren Musikinstrumenten.“ – Und zu Rot heißt es beim gleichen Autor unter anderem: „Die Farbe Rot drückt Leidenschaft, Sinnlichkeit, Feuer und gesteigerte Vitalität aus …“*

Du bist die Verzweiflung,

> ➢ *Im Wörterbuch der deutschen Sprache von Bertelsmann (Wö. d. dt. Spr. v. Be.) wird „Verzweiflung“ definiert als „Zustand des Verzweifeltseins, Angst und Hoffnungslosigkeit“.*

du bist die hohe Zeit der Blüte,

> Nach dem Wö. d. dt. Spr. v. Be. hat „Blüte“ im übertragenen Sinn die Bedeutung von „Höhepunkt, höchste Steigerung“.

die Zeit des Todes.

> Im Wö. d. dt. Spr. v. Be. hat „Tod“ an erster Stelle die Bedeutung von „Ende des Lebens, das Sterben“.

Auf weichen Winden der See

> „… Oft ist der Wind Hinweis auf starke geistige Energien …“ (Günter Harnisch). – Zu „See“ beziehungsweise Meer heißt es beim gleichen Autor unter anderem: „Das Meer ist ein archetypisches Symbol für den Ursprung des Lebendigen überhaupt, nicht des persönlichen Lebens eines Individuums. In seiner unabsehbaren Tiefe und Weite stellt es im Traum das Kollektive Unbewusste dar …“

wandelt deine Welt
hinaus in den bunten Garten der Kinder,

> „Der Garten ist im Allgemeinen ein Symbol der partnerschaftlichen Beziehung. Er zeigt Wachstum, Fruchtbar-

keit, Lebensfreude an und hat fast immer eine positive Bedeutung ..." (Günter
Harnisch)

**und Klänge füllen den Raum,
bewegte Saiten spielen mit dir
die Vollendung!**

Tausend Stunden am Tag wären noch zu wenig, all das zu tun, was ich möchte. Es ist ein Leid. Ich vertue die meiste Zeit damit, aus den vielen wichtigen Dingen die wichtigsten auszusuchen. Der Kugelschreiber ist übrigens blöd, ein französischer, Marke Lyra. Die Hersteller sollen sich in die Ecke stellen und schämen, aber nicht herstellen. Ich muss den Stift ganz steil halten, was automatisch die Schrift verkleinert. Ich hasse kleine Schrift, sie hat was zu verstecken, und verführt nebenbei dazu, rasend schnell zu schreiben, sodass Gedanken und schreibende Hand auseinandergeraten. Aber ich sprach von den vielen wichtigen Dingen, zu denen auch der Ischiadicus gehört. Jetzt rächt er sich für die vielen Melabontabletten der letzten Tage. Und ich kann nichts dagegen tun, kann ihn nicht mehr betäuben, da das Geld alle ist. Das Geld ist alle und, oh Kummer, so eine Menge anderer Dinge.

Meine Plastik steht noch hier, die schönste, die ich bisher machte, einfach, aber mit einem geheimnisvollen Leben, dem Mittelpunkt aller Gefühle. Ich warte auf die Holzplastikmasse aus Krefeld, damit ich sie nachbilde für ein gewisses Fräulein aus Bonn, das Volksschullehrerin wird und Anschauungsmaterial für ihre spätere Lehrtätigkeit braucht! Ich warte auf Briefe, Tabak,

Geld, Papier, neue Gedanken, Möglichkeiten –
und warte, immer warte – Homburg ist viel zu
klein.
Gestern Nacht schlief ich kaum, war heute neun
Stunden in der Uni: am Vormittag Vorlesungen,
nachmittags Präparieren. Seit Monaten läuft das
Radio auf Französisch. 15 Millionen kostet ein
Elektronenmikroskop in unserem anatomischen
Institut. Prof. Rolshoven hat es dem Ministerpräsidenten Hoffmann in der französischen Zeit abgehandelt. Dann wurde die Saar angegliedert,
und vom eingesparten Zoll (3,5 Millionen) kaufte
er für sein Institut noch Kleinigkeiten, die es heute schmücken. Wir machten unter seiner Führung einen Rundgang durch Laboratorien, Zucht-
räume und andere (Räume) mit einem bestimmten Zweck. Er erzählte von seiner eigenen Forschungsarbeit, die leider immer durch die Semester unterbrochen würde. Das ist schade. Er
hat viele wichtige neue Sachen entdeckt, bzw.
alte (z.B. Gewebs-, Blutbildung, Zellvermehrung)
als falsch herausstellen können. Die meisten Autoren von anatomischen Fachbüchern, sagte er,
würden abschreiben aus überlieferter Fachliteratur, ohne sich ernsthaft über wesentliche Dinge
den Kopf zu zerbrechen. Er ist dieser Kölner Professor, von dem ich schon einmal bewundernd
schrieb, dass er mit ungeheurem Talent Temperament, Witz und nüchternste Wissenschaft wie

die Anatomie verbinden könne. Beim Kassenpatienten sei der Plattfuß ein Plattfuß, beim Privatpatienten der Plattfuß ein Senkspreizfuß!
Hätte ich Geld gehabt, wäre ich heute Mittag nach Hause gefahren. Es ist so unbeschreiblich! Ein Nebeneinander von ganz armer Trauer und ausgelassener (stiller) Lebensfreude, ein unglückliches Nebeneinander, das leider vorerst so bleiben muss. Warum glaubt sie nicht, dass ich damals in Bonn nasse Augen hatte, dass Tränen mühsam verheimlicht wurden. Warum macht sie es so schwer. Sie verlangt alles und gibt ...? Briefe, nur Briefe, die beschuldigend, hässlich, ohne Inhalt sind. Um ihre Liebe zu den Kindern, ihr Leben zu verteidigen, lässt sie keine anderen Meinungen wahr werden, keine anderen Gefühle gelten. Ich finde, einmal sagte ich es schon, dass die echte Liebe und Zuneigung, die der Menschen würdig ist, nur durch die Verachtung aller von Menschen gemachten Vorstellungen und Worte, das letzte eingeschlossen, gefunden werden kann. Die Einsicht, dass wir alle erbärmlich gleich sind und nach Gesetzen funktionieren, gegen die wir machtlos sind, die selbst Einsichten wie diese fragwürdig machen und uns unsere Bedeutungslosigkeit und Ohnmacht spüren lassen. Man soll sich eben nichts einbilden, nur zweckmäßig viel, um das zu leben, was wir müssen, Wesen, die ihre eigenen Vorteile suchen.

Das ist brutal, natürlich brutal, aber das Wissen um diese Brutalität macht sie zu einem unterhaltsamen Spiel. Wenn alle mitspielen, alle brutal sind, gibt es keine Brutalität mehr!!

Ich wünsche dem G., das so weit fort ist, den Anfang zum Glauben, dass es echte Gefühle gibt, auch solche, die nicht von ihr kommen. Ich wünsche ihm eine dunkle Nacht, eine Straße, Regen und Kälte, und zitterndes Glücklichsein – nochmal Glücklichsein in irgendwelchen nassen Armen. (Ich küsse auch ihren schweigsamen Mund.)

Aufgliederung des Textes und Erläuterung

Tausend Stunden am Tag wären noch zu wenig, um all das zu tun, was ich möchte. Es ist ein Leid. Ich vertue die meiste Zeit damit, aus den vielen wichtigen Dingen die wichtigsten herauszusuchen. Der Kugelschreiber ist übrigens blöd, ein französischer, Marke Lyra. Die Hersteller sollen sich in die Ecke stellen und schämen, aber nicht herstellen. Ich muss den Stift ganz steil halten, was automatisch die Schrift verkleinert. Ich hasse kleine Schrift, sie hat was zu verstecken – und verführt nebenbei dazu, rasend schnell zu schreiben, sodass Gedanken und schreibende

Hand auseinandergeraten. Aber ich sprach von den vielen wichtigen Dingen, zu denen auch der Ischiadicus gehört.

> *Gemeint ist der Ischiasnerv.*

Jetzt rächt er sich für die vielen Melabontabletten der letzten Tage.

> *Gemeint sind Melabon-Schmerztabletten*

Und ich kann nichts dagegen tun, kann ihn nicht mehr betäuben, da das Geld alle ist. Das Geld ist alle und, oh Kummer, so eine Menge anderer Dinge.

Meine Plastik steht noch hier – die schönste, die ich bisher machte, einfach, aber mit einem geheimnisvollen Leben, dem Mittelpunkt aller Gefühle. Ich warte auf die Holzplastikmasse aus Krefeld, damit ich sie nachbilde für ein gewisses Fräulein aus Bonn, das Volksschullehrerin wird und Anschauungsmaterial für ihre spätere Lehrtätigkeit <u>braucht</u>! Ich warte auf Briefe, Tabak, Geld, Papier, neue Gedanken, Möglichkeiten – und warte, immer warte – Homburg ist viel zu klein.

Gestern Nacht schlief ich kaum,

> *Gemeint ist die letzte Nacht.*

war heute neun Stunden in der Uni: Am Vormittag Vorlesungen, nachmittags Präparieren. Seit Monaten läuft das Radio auf Französisch.

15 Millionen kostet ein Elektronenmikroskop in unserem anatomischen Institut. Prof. Rolshoven hat es dem Ministerpräsidenten Hoffmann in der französischen Zeit abgehandelt. Dann wurde die Saar angegliedert, und vom eingesparten Zoll (3,5 Millionen) kaufte er für sein Institut noch Kleinigkeiten, die es heute schmücken. Wir machten unter seiner Führung einen Rundgang durch Laboratorien, Zucht-Räume und andere mit einem bestimmten Zweck.

> > *... und andere Räume mit einem bestimmten Verwendungszweck.*

 Er erzählte von seiner eigenen Forschungsarbeit, die leider immer durch die Semester unterbrochen würde. Das ist schade. Er hat viele wichtige neue Sachen entdeckt, bzw. alte (z.B. Gewebs- und Blutbildung, Zellvermehrung) als falsch herausstellen können. Die meisten Autoren von anatomischen Fachbüchern, sagte er, würden abschreiben aus überlieferter Fachliteratur, ohne sich ernsthaft über wesentliche Dinge den Kopf zu zerbrechen. Er ist dieser Kölner Professor, von dem ich schon einmal bewundernd schrieb, dass er mit ungeheurem Talent Temperament, Witz und nüchternste Wissenschaft, wie die Anatomie, verbinden könne. Beim Kassenpatienten ist der Plattfuß ein Plattfuß, beim Privatpatienten der Plattfuß ein Senkspreizfuß!

Hätte ich Geld gehabt, wäre ich heute Mittag nach Hause gefahren. Es ist so unbeschreiblich! Ein Nebeneinander von ganz armer Trauer und ausgelassener (stiller) Lebensfreude, ein unglückliches Nebeneinander, das leider vorerst so bleiben muss. Warum glaubt sie nicht, dass ich damals in Bonn nasse Augen hatte, dass Tränen mühsam verheimlicht wurden. Warum macht sie es so schwer. Sie verlangt alles und gibt …? – Briefe, nur Briefe, die beschuldigend, hässlich, ohne Inhalt sind. Um ihre Liebe zu den Kindern, ihr Leben zu verteidigen, lässt sie keine anderen Meinungen wahr werden, keine anderen Gefühle gelten. Ich finde – einmal sagte ich es schon – dass die echte Liebe und Zuneigung, die der Menschen würdig ist, nur durch die Verachtung aller von Menschen gemachten Vorstellungen und Worte, das letzte eingeschlossen, gefunden werden kann – die Einsicht, dass wir alle erbärmlich gleich sind und nach Gesetzen funktionieren, gegen die wir machtlos sind, die selbst Einsichten wie diese fragwürdig machen und uns unsere Bedeutungslosigkeit und Ohnmacht spüren lassen. Man soll sich eben nichts einbilden, nur zweckmäßig viel, um das zu leben, was wir müssen, Wesen, die ihre eigenen Vorteile suchen.

➤ *So dachte ich damals.*

Das ist brutal!

➤ *Wohl inspiriert.*

Natürlich brutal, aber das Wissen um diese Brutalität macht sie zu einem unterhaltsamen Spiel. Wenn alle mitspielen, alle brutal sind, gibt es keine Brutalität mehr!!

➤ *Was mit Sicherheit nicht stimmt.*

Ich wünsche dem G., das so weit fort ist, den Anfang vom Glauben, dass es echte Gefühle gibt, auch solche, die nicht von ihr kommen. Ich wünsche ihr eine dunkle Nacht, eine Straße, Regen und Kälte, und zitterndes Glücklichsein – nochmal Glücklichsein in irgendwelchen nassen Armen.

➤ *In Erinnerung an entsprechende, mit ihr erlebte Umstände am Ende unserer Abendgymnasialzeit.*

(Ich küsse auch ihren schweigsamen Mund.)

Beinahe verschlafen, hastig zur Vorlesung um acht, bis 11, dann Mensa: gelernt, gegessen (für Liliputaner), von 13:00 Uhr bis 15:00 Uhr geschlafen, anschließend gewaschen (mich) und Möbel runtergetragen, zwischen 16:00 Uhr und 18:00 Uhr gelernt, zwischendurch des Öfteren zum Klosett gemusst, weil ich viel Wasser (kein Geld für Bier) trank und noch trinken muss, Mensa, zurück, unten in der Küche erzählt, ab 19:00 Uhr bis jetzt, 23:30 Uhr, gelernt, zwischendurch sehr viel traurig gewesen und vorher auch. Ab 23:30 Uhr Tagebuch.

Angenommen, ein Baum, ein Pferd, ein Streichholz und ein Spitz treffen sich. Was dann?

In der hohlen Hand liegt eine zerdrückte Blüte. Warum liegt in der hohlen Hand eine zerdrücke Blüte? Muss das sein??

Der Mieter von X geht stempeln. Warum auch nicht!

Eine Scholle hat den Halt verloren. Nun treibt sie ziellos daher. Ein Wind kommt auf. Frage: Stimmt das?

Klein-Peter: Mutti, warum heiße ich Peter und nicht Fritz?

Mutti: Das weiß nur der liebe Gott.

Klein-Peter: Woher weißt du, dass nur der liebe Gott das weiß, Mutti?

Mutti: Willst du ein Eis mit Sahne?

Klein-Peter: Au, fein!

Wir haben zwei Tintenfische, die groß sind. Wo tun wir den Dritten hin, wenn er groß ist?

Emma: Gnädige Frau, wir müssen ihn dann absetzen.

An den Straßenecken stehen manchmal Bettler oder – Bettler stehen manchmal an den Straßenecken.

Ich denke an eine Reparatur; an was eigentlich sonst noch?

20 Aminosäuren in natürlichen Proteinen mit 1 x 2 x 3 x 4 x x x x 20 Bindungsmöglichkeiten – für

den begabten Studenten, für den unbemittelten viel weniger.

Wenn auf einer Bergstraße ein Unfall passiert, ist daran nichts mehr zu ändern!
 Wie komisch. Man sollte im Tal bleiben.

Zwei Weisheiten warten auf eine dritte, die nicht kommt. Schade, sagt die eine zur anderen, dann spielen wir eben Mau-Mau.

Von ungefähr blinzeln und nicht anders. So ist es richtig.

Diskussion

X (putzt die Nase): Das Wetter.

Y (hat sich verschluckt): Verdammt!

Z (gähnt): Mitternacht.

X (sieht das leere Glas): Wirt!

Y (Fremdkörper entfernt): Gerettet.

Z (rechnet): 90, 6 mal 40, 3,30, 1, 4,30

X, Y, Z: Also denn, nix für ungut!

<u>Aufgliederung des Textes</u>

Beinahe verschlafen, hastig zur Vorlesung um acht, bis elf, dann Mensa: gelernt, gegessen (für Liliputaner), von 13:00 Uhr bis 15:00 Uhr geschlafen, anschließend gewaschen (mich) und Möbel runtergetragen, zwischen 16:00 Uhr und 18:00 Uhr gelernt, zwischendurch des Öfteren zum Klosett gemusst, weil ich viel Wasser (kein Geld für Bier) trank und noch trinken muss, Mensa, zurück, unten in der Küche erzählt, ab 19:00 Uhr bis jetzt, 23:30 Uhr, gelernt, zwischendurch sehr viel traurig gewesen – und vorher auch. Ab 23:30 Uhr Tagebuch.

–

Angenommen, ein Baum, ein Pferd, ein Streichholz und ein Spitz treffen sich.

Was dann?

In der hohlen Hand liegt eine zerdrückte Blüte.

Warum liegt in der hohlen Hand eine zerdrücke Blüte? Muss das sein??

Der Mieter von X geht stempeln.

Warum auch nicht?!

Eine Scholle hat den Halt verloren. Nun treibt sie ziellos daher.

Ein Wind kommt auf!

Frage: Stimmt das?

Klein-Peter: „Mutti, warum heiße ich Peter und nicht Fritz?"

Mutti: „Das weiß nur der liebe Gott."

Klein-Peter: „Woher weißt du, dass nur der liebe Gott das weiß, Mutti?"

Mutti: „Willst du ein Eis mit Sahne?"

Klein-Peter: „Au fein!"

„Wir haben zwei Tintenfische, die groß sind. Wo tun wir den Dritten hin, wenn er groß ist?"

Emma: „Gnädige Frau, wir müssen ihn dann absetzen."

An den Straßenecken stehen manchmal Bettler. – Oder: Bettler stehen manchmal an den Straßenecken.

Ich denke an eine Reparatur. An was eigentlich sonst noch?

20 Aminosäuren in natürlichen Proteinen mit 1 x 2 x 3 x 4 x x x 20
Bindungsmöglichkeiten – für den begabten Studenten. Für den unbemittelten viel weniger.

Wenn auf einer Bergstraße ein Unfall passiert, ist daran nichts mehr zu ändern! – Wie komisch. Man sollte im Tal bleiben.

Zwei Weisheiten warten auf eine dritte, die nicht kommt. Schade, sagt die eine zur anderen, dann spielen wir eben Mau-Mau.

Von ungefähr blinzeln und nicht anders. So ist es richtig.

<u>Diskussion</u>

X (putzt die Nase): Das Wetter.

Y (hat sich verschluckt): Verdammt.

Z (gähnt): Mitternacht.

X (sieht das leere Glas): Wirt!

Y (Fremdkörper entfernt): Gerettet.

Z (rechnet): 90, 6 mal 40, 3,30, 1, 4,30.

X, Y, Z: Also denn, nix für ungut.

<u>Deutung</u>
> Der Text nach dem ersten Absatz wurde wohl zum Teil inspiriert.

Beinahe verschlafen, hastig zur Vorlesung um acht, bis elf, dann Mensa: gelernt, gegessen (für Liliputaner), von 13:00 Uhr bis 15:00 Uhr geschlafen, anschließend gewaschen (mich) und Möbel runtergetragen, zwischen 16:00 Uhr und 18:00 Uhr gelernt, zwischendurch des Öfteren zum Klosett gemusst, weil ich viel Wasser (kein Geld für Bier) trank und noch trinken muss, Mensa, zurück, unten in der Küche erzählt, ab 19:00 Uhr bis jetzt, 23:30 Uhr, gelernt, zwischendurch sehr viel traurig gewesen – und vorher auch. Ab 23:30 Uhr Tagebuch.

—

Angenommen, ein Baum,

> „Der Baum ist ein archetypisches Symbol des Lebens, wie es sich in den Begriffen Lebensbaum und Stammbaum niederschlägt. Als Traumsymbol deutet der Baum meist auf die persönliche Entwicklung und das Wachstum des Träumenden hin ...“ (Günter Harnisch)

ein Pferd,

> „Die Beziehung zwischen dem Pferd und seinem Herrn dürfte in früheren Zeiten die persönlichste gewesen sein, die zwischen Tier und Mensch überhaupt denkbar ist. In den antiken Mythen, Sagen und Märchen verkörpert das Pferd biologische Lebenskraft. Der Hengst mit seiner Kraft und Schnelligkeit gilt als Symbol männlicher Vitalität und Potenz ...“ (Günter Harnisch)

ein Streichholz

> ➤ Zu „Streichholz" bzw. Feuer schreibt Günter Harnisch unter anderem: „Feuer und Flammen treten im Traum in verschiedenen Bedeutungen auf, die sich meist aus dem Handlungszusammenhang näher bestimmen lassen. [...] Allgemein kennzeichnet es im positiven Sinne psychische Energie, wie sie sich in dem sprachlichen Bild der Lebensflamme ausdrückt ..."

und ein Spitz

> ➤ Im Wörterbuch der deutschen Sprache von Bertelsmann (Wö. d. dt. Spr. v. Be.) Be. hat „Spitz" an erster Stelle die Bedeutung von „(kleiner bis mittelgroßer) Wachhund mit spitzer Schnauze, spitzen Ohren, buschigem Fell und Ringelrute". – „Der Hund kommt im Traum in zweifacher Symbolbedeutung vor: Er gilt als Wächter für den Besitz des Menschen, als Schutz gegen Angriffe und als treuer Freund. Er kann aber auch Symbol für Aggressionen darstel-

len." (Günter Harnisch). – Synonyme für „spitz" sind nach dem Duden unter anderem „anspielend, anzüglich, beißend, beziehungsvoll, bissig, scharfzüngig, spitzzüngig". – „Die Ohren spitzen" bedeutet nach dem Wö. d. dt. Spr. v. Be. (im übertragenen Sinn) „(aufmerksam werden und) genau zuhören".

treffen sich.

Was dann?

In der hohlen Hand liegt eine zerdrückte Blüte.

> ➢ Im Wö. d. dt. Spr. v. Be. hat „hohl" an erster Stelle die Bedeutung von „innen leer, ausgehöhlt". – „Die Hand ist das körperliche Instrument des menschlichen Handelns. Dementsprechend sind alle Träume zu deuten, in denen die Hand eine Rolle spielt …" (Günter Harnisch). – „Blumen und Blüten sind allgemein als Symbolbilder für den Gefühlsbereich zu verstehen. Die persönliche Beziehung des Träumenden zu bestimmten Blumen ist bei der Deutung

in erster Linie zu berücksichtigen ...“
(Günter Harnisch)

Warum liegt in der hohlen Hand eine zerdrücke Blüte? Muss das sein??

Der Mieter von X geht stempeln.

> ➤ Nach dem Wö. d. dt. Spr. v. Be. bezeichnet man mit „X“ (umgangssprachlich) „jemand, etwas Unbekanntes, Unbenanntes“. – „Stempeln gehen“ bedeutet nach dem gleichen Wörterbuch umgangssprachlich „Arbeitslosenunterstützung beziehen“.

Warum auch nicht?!

Eine Scholle hat den Halt verloren.

> ➤ „Eis in der Traumlandschaft informiert über das Einfrieren von Beziehungen, über seelische Kälte und die Gefahr der Vereinsamung des Träumenden. Solche Bilder treten etwa als Eisdecke über einem Fluss oder See oder auch als Verei-

sung der Straße auf …“ (Günter Harnisch)

Nun treibt sie ziellos daher.

Ein Wind kommt auf!

> ➢ „… Oft ist der Wind Hinweis auf starke geistige Energien …“ (Günter Harnisch). – In meinen inspirierten Tagebuchtexten symbolisiert der Wind meist den Gedankenaustausch im Rahmen einer Inspiration bzw. des automatischen Schreibens.

Frage: Stimmt das?

Klein-Peter: „Mutti, warum heiße ich Peter und nicht Fritz?“

> ➢ **„Peter“** leitet sich ab vom lateinischen Namen Petrus, und dieser wiederum vom griechischen Wort Petros, das Fels oder Stein bedeutet. Und im Matthäus Evangelium 16,18 heißt es: „Du bist Petrus, und auf diesem Felsen will ich meine Kirche bauen, und die Pforten der Hölle sollen sie nicht überwältigen.“

Mutti: „Das weiß nur der liebe Gott."

Klein-Peter: „Woher weißt du, dass nur der liebe Gott das weiß, Mutti?"

Mutti: „Willst du ein Eis mit Sahne?"

Klein-Peter: „Au fein!"

„Wir haben zwei Tintenfische, die groß sind. Wo tun wir den dritten hin, wenn er groß ist?"

> Im Wö. d. dt. Spr. v. Be. wird „Tinte" definiert als „gefärbte Flüssigkeit, die zum Schreiben dient". – „... Da man das Triebhafte des Säugetieres an ihm nicht bemerkt, gilt der Fisch nicht eigentlich als Tier, sein Fleisch nicht als blutiges Fleisch. Er ist vielleicht deshalb wegen seiner eigenartigen Herkunft oft heilige Speise. Im christlichen Kulturraum ist dieses Heilige verbunden mit dem neutestamentlichen Fischwunder und steht im Zusammenhang mit Petrus dem Fischer. Zudem bilden im Griechischen die Anfangsbuchstaben von ‚Jesus Christus, Sohn Gottes und Retter'

zusammen das Wort Ichthys, Fisch ...“ (Ernst Aeppli)

Emma: „Gnädige Frau, wir müssen ihn dann absetzen.“

> Im Wö. d. dt. Spr. v. Be. hat „Frau“ an erster Stelle die Bedeutung von „erwachsener Mensch weiblichen Geschlechts“ und an dritter Stelle (veraltet) von „Hausherrin“. –Synonyme für „absetzen“ sind nach Woxikon unter anderem „verkaufen, vertreiben“.

An den Straßenecken stehen manchmal Bettler. – Oder: Bettler stehen manchmal an den Straßenecken.

> „Straßen oder Wege erscheinen im Traum als Symbole des Lebenswegs ...“ (Günter Harnisch). – „In der Gestalt eines Bettlers stellt sich meist die Härte des Existenzkampfes, aber auch die Unzulänglichkeit der Persönlichkeit des Träumenden dar. Dieses Traumbild kann allgemein ein Hinweis auf schwierige Lebensverhältnisse oder negative

Charakterzüge des Träumenden sein. Entweder ist der Träumende dabei, seine Lebensführung einer kritischen Bilanz zu unterziehen, oder er resigniert verbittert ..." (Günter Harnisch). – Ein Synonym für „Ecke" ist nach dem Duden unter anderem „Kreuzung".

Ich denke an eine Reparatur.
> Im Wö. d. dt. Spr. v. Be. wird „Reparatur" definiert als „Ausbesserung, Instandsetzung".
An was eigentlich sonst noch?

20 Aminosäuren in natürlichen Proteinen mit 1 x 2 x 3 x 4 x x x 20 Bindungsmöglichkeiten – für den begabten Studenten. Für den Unbemittelten viel weniger.
> Synonyme für „unbemittelt" sind nach Thesaurus unter anderem „arm, mittellos, besitzlos".

Wenn auf einer Bergstraße ein Unfall passiert, ist daran nichts mehr zu ändern. –

> „Wer auf dem Gipfel eines Berges steht, hat einen Überblick über die Umgebung. Tempel, Kirchen und Burgen baute man früher auf Bergen. Diese Lage hob die besondere Bedeutung der Gebäude hervor. Im Traum deutet der Weg auf einen Berg auf die Annäherung an ein wichtiges Problem hin. Hindernisse und Mühen auf dem Weg symbolisieren die entsprechenden Schwierigkeiten in der Wirklichkeit ...“ (Günter Harnisch)

Wie komisch! Man sollte im Tal bleiben.

> Bezüglich Tal schreibt Günter Harnisch: „Dieses Traumbild weist auf einen Tiefpunkt hin, auf eine Krise im Denken, Fühlen oder Handeln des Träumenden. Die genauere Bedeutung lässt sich aus der Beschaffenheit des Tales entnehmen. Wichtig ist auch, wie sich der Träumende in diesem Traum fühlt.“

Zwei Weisheiten warten auf eine dritte, die nicht kommt.

> Wohl mit einem Bezug zur vorangegan-
genen Darstellung.

Schade, sagt die eine zur anderen, dann spielen
wir eben Mau-Mau.

Von ungefähr blinzeln und nicht anders. So ist es
richtig.

> Im Wö. d. dt. Spr. v. Be. hat „ungefähr"
an zweiter Stelle (Adverb) die Bedeutung von „annähernd, schätzungsweise,
etwa". – Im gleichen Wörterbuch hat
„blinzeln" an erster Stelle die Bedeutung von „die Augen bis auf einen Spalt
schließen" und an zweiter Stelle von
„die Augen mehrmals rasch schließen
und kaum öffnen (um jemandem ein
Zeichen zu geben)".

Diskussion

> Nach dem Wö. d. dt. Spr. v. Be. hat
„Diskussion" die Bedeutung von „Erör-
terung, Meinungsaustausch".

X (putzt die Nase): Das Wetter.

> „Die Nase gilt im Volksmund wie in der Traumsprache als Symbol des männlichen Gliedes. Duftstoffe und das Riechvermögen sind bei der Entfaltung erotischer Wirkung stark beteiligt." (Günter Harnisch). – „Psychologisch: Wetter kann auch die inneren Reaktionen auf bestimmte Situationen zum Ausdruck bringen ..." (Der Traumdeuter.ch)

Y (hat sich verschluckt): Verdammt.

> „Sich verschlucken" bedeutet nach dem Wö. d. dt. Spr. v. Be. „einen Tropfen Flüssigkeit, ein Stückchen Speise versehentlich in die Luftröhre einziehen". „... Von jeher ist nun die Luft als das Medium des Geistes empfunden worden ..." (Ernst Aeppli). – „Zu etwas verdammt sein" bedeutet nach dem Wö. d. dt. Spr. v. Be. „zu etwas verurteilt, gezwungen sein".

Z (gähnt): Mitternacht.

> Im Wö. d. dt. Spr. v. Be. hat „gähnen" an erster Stelle die Bedeutung von „den

Mund weit öffnen und die Luft tief ein-
und ausatmen", zum Beispiel „er gähn-
te vor Müdigkeit, vor Langeweile". –
„Die Nacht stellt im Traum den gesamten Bereich des Unbewussten dar, der
im Dunkeln liegt." (Günter Harnisch)

X (sieht das leere Glas): Wirt!

> „In der Traumsprache symbolisieren
> Gefäße aller Art meist den Leib der
> Frau und die weibliche Sexualität ..."
> (Günter Harnisch). – „In den meisten
> Märchen ist das Wirtshaus ein abenteu-
> erlicher Ort, an dem der Wirt eine
> recht zweifelhafte Rolle spielt. Auch im
> Traum ist der Besuch eines Wirtshauses
> oft mit unerwarteten Überraschungen
> verbunden. Allgemein deutet ein Wirts-
> haus oder Restaurant im Traum auf
> Veränderungen hin." (Günter Harnisch)

Y (Fremdkörper entfernt): Gerettet.

> Im Wö. d. dt. Spr. v. Be. hat „Fremd-
> körper" an erster Stelle die Bedeutung
> von „fester, einem Organismus fremder

Körper, der von außen eingedrungen ist" und an dritter Stelle von „Sache, die in einem Zusammenhang als störend empfunden wird". — „Sich oder etwas retten" bedeutet nach dem gleichen Wörterbuch „(aus einer Gefahr) befreien, (vor dem Untergang, der Vernichtung, dem Tod) bewahren, in Sicherheit bringen".

Z (rechnet): 90, 6 mal 40, 3,30, 1, 4,30.

> Synonyme für „rechnen" sind nach dem Duden unter anderem „ausrechnen, berechnen, einen Überschlag machen, ein Ergebnis/einen Wert ermitteln". — „Die Neun repräsentiert das Neue (novum!), das Neu- und Reingeborene. Sie ist das Ergebnis und die Frucht der letztendlichen Meisterung des Lebens und der niederen Natur ..." (Heinrich Elijah Benedikt). — Synonyme für Null sind nach dem Duden „Nichts, Zero". — „... Die Sechs kann durch-

aus auch mit dem gleichklingenden Sex gleichzusetzen sein." (Günter Harnisch). – „... Steht die Drei für den Geist, die geistige Ebene, so verkörpert die Vier den irdischen Plan, das Materielle und den Stoff, die Realität unseres täglichen Lebens ..." (Heinrich Elijah Benedikt in „Die Kabbala"). – „Die Eins ist die erste Zahl der Manifestation Gottes. Mit ihr tritt Er aus Seiner Verborgenheit hervor, und mit ihr beginnt die Schöpfung. Mit und aus der Eins gebiert sich die Welt ..." (Heinrich Elijah Benedikt in „Die Kabbala")

X, Y, Z: Also denn, nix für ungut.
> „Nichts für ungut!" bedeutet nach dem Wö. d. dt. Spr. v. Be.: „Nehmen Sie es nicht übel!"

Post vom H., Paket von zu Hause, mit Strümpfen, Butter, Plastikmasse, Erdnüssen, Zwieback und einem Brief. Das Wichtigste fehlt.
Ich habe heute bis 10:00 Uhr geschlafen, mich dann gebadet und am Gehirn weitergelernt, was im Rauber-Kopsch nicht einfach ist.
Im Augenblick habe ich das Denken abgeschaltet, ich werde jetzt meine Wirtin um 5,– DM anpumpen, tanken, essen, zu Hause anrufen. Es ist Samstag. Draußen scheint die Sonne, manchmal regnet es. Was ich nachher tue, weiß ich noch nicht, vielleicht eine Plastik machen.

Wenn man sich … da ist bestimmt kein Feierabend, oder man müsste … was bestimmt viel besser ist. Ja, und der Wald hat's in sich, billiger als je, der Beeder Wald 1960.

Mit zwei Beinen der furchtbaren Auflösung: Heideröslein, Goethe.

Denk dir mal, von vorgestern verspreche ich mir sehr viel, zumindest ein – was denn? Oh! Wie schön! Ich hab's immer gesagt, 10,0 ist gut.

Nun zähle ich auf: Nagelreiniger, Auto, Trichine, das letzte Mal, eine Vermutung, Ende! Die

Durchsage ist beendet. Sie hören jetzt einen Beitrag von Peter Voss.

(Fortsetzung 27.11.1960)

<u>Aufgliederung des Textes</u>

Post vom H., Paket von zu Hause, mit Strümpfen, Butter, Plastikmasse, Erdnüssen, Zwieback und einem Brief. Das Wichtigste fehlt.

Ich habe heute bis 10:00 Uhr geschlafen, mich dann gebadet und am Gehirn weitergelernt, was im Rauber-Kopsch nicht einfach ist.

Im Augenblick habe ich das Denken abgeschaltet. Ich werde jetzt meine Wirtin um 5,– DM anpumpen, tanken, essen, zu Hause anrufen. Es ist Samstag. Draußen scheint die Sonne, manchmal regnet es. Was ich nachher tue, weiß ich noch nicht, vielleicht eine Plastik machen.

—

Wenn man sich … da ist bestimmt kein Feierabend, oder man müsste … was bestimmt viel besser ist.

Ja, und der Wald hat's in sich!

Billiger als je, der Beeder Wald 1960.

Mit zwei Beinen der furchtbaren Auflösung: Heideröslein, Goethe!

Denk dir mal, von Vorgestern verspreche ich mir sehr viel, zumindest ein …

Was denn?

… „Oh! Wie schön!" – Ich hab's immer gesagt, 10,0 ist gut.

Nun zähle ich auf: Nagelreiniger, Auto, Trichine, das letzte Mal, eine Vermutung.

Ende!

Die Durchsage ist beendet. Sie hören jetzt einen Beitrag von Peter Voss.

<u>Deutung</u>

> ➢ *Der zweite Teil des Tagebucheintrags ist sicherlich überwiegend inspiriert.*

Post vom H., Paket von zu Hause, mit Strümpfen, Butter, Plastikmasse, Erdnüssen, Zwieback und einem Brief. Das Wichtigste fehlt.

> ➢ *Wohl Geld.*

Ich habe heute bis 10:00 Uhr geschlafen, mich dann gebadet und am Gehirn weitergelernt, was im Rauber-Kopsch nicht einfach ist.

> ➢ *Mit „Rauber-Kopsch" ist ein Lehrbuch der Anatomie gemeint.*

Im Augenblick habe ich das Denken abgeschaltet. Ich werde jetzt meine Wirtin um 5,– DM anpumpen, tanken, essen, zu Hause anrufen. Es ist Samstag. Draußen scheint die Sonne, manchmal regnet es. Was ich nachher tue, weiß ich noch nicht, vielleicht eine Plastik machen.

—

Wenn man sich … da ist bestimmt kein Feierabend, oder man müsste … was bestimmt viel besser ist.

> Wohl Überlegungen von mir bezüglich des nachfolgend angeführten Waldes.

Ja, und der Wald hat's in sich!

> „Traumhandlungen im Wald weisen meist auf archetypische Muster des Kollektiven Unbewussten in uns hin. Der Wald gilt als Symbol des Unbewussten. Im Traum wie in den Märchen verkörpert er oft Geheimnisvolles, Abenteuerliches, Dämonisches." (Günter Harnisch)

Billiger als je, der Beeder Wald 1960.

> Möglicherweise konnte man damals dort Waldstücke mit ihrem Holz günstig erwerben.

Mit zwei Beinen der furchtbaren Auflösung:

> Gemeint ist damit sicherlich mein Unbewusstes während meiner Zeit in Beeden, das zu der Auflösung meiner Beziehung zu G. führte. — „Das Bein gibt im Traum Aufschlüsse über die Lebenseinstellung. Unsere Sprache verwendet im übertragenen Sinne die Begriffe Ge-

hen, Stehen, Fortschritt, Rückschritt für entsprechende Lebenssituationen …" (Günter Harnisch). — Im Wörterbuch der deutschen Sprache von Bertelsmann (Wö. d. dt. Spr. v. Be.) hat „Auflösung" an erster Stelle die Bedeutung von „das Auflösen, dass Sichauflösen", zum Beispiel: „das Unternehmen ist in Auflösung begriffen".

Heideröslein, Goethe!

> Nämlich „Sah ein Knab ein Röslein stehn, Röslein auf der Heiden …" (von Johann Wolfgang von Goethe)

Denk dir mal, von Vorgestern verspreche ich mir sehr viel,

> Am 24. November formte ich eine Plastik für G.

zumindest ein …

Was denn?

„Oh! Wie schön!" –

> Nämlich als (erhoffte) anerkennende Äußerung seitens G.

Ich hab's immer gesagt, 10,0 ist gut.

> Wohl zurückkommend auf obige Angabe „Ich habe heute bis 10:00 Uhr geschlafen". – „In der Zahlensymbolik der Träume bedeutet die Zehn einen Neuanfang. Ein neuer Lebens- und Entwicklungsabschnitt beginnt, so wie nach der Neun die Zahlenreihe mit der Eins wieder von vorn anfängt, wenn auch um eine Stelle verschoben." (Günter Harnisch)

Nun zähle ich auf: Nagelreiniger,

> **Gemeint ist im Textzusammenhang ein Reiniger der Fingernägel. – „Die Finger weisen meist auf Geschicklichkeit und einfache Gemütsregungen hin ..." (Günter Harnisch)**

Auto,

> „Seine Symbolbedeutung im Traum ist die eines individuellen Transportmittels. Es verkörpert auch die motorische Energie, die Lebenskraft seines Besitzers ..." (Günter Harnisch)

Trichine,

> Im Wö. d. dt. Spr. v. Be. wird „Trichine" definiert als „in den Muskeln mancher Säugetiere, z.B. des Schweins, schmarotzender Fadenwurm". – „Als Traumsymbol ist der Faden ein Hinweis auf flüchtige Ideen, spontane Einfälle, die leicht wieder verlorengehen können. Dieses Traumbild steht selten für sich allein. Die Bedeutung ergibt sich aus dem Traumzusammenhang." (Günter Harnisch). – „Manchmal symbolisiert ein Wurm das männliche Glied. Oft weist dieses Bild aber auch auf sexuelle Wünsche und Schuldgefühle hin, die den Träumenden belasten. Die genauere Bedeutung ergibt sich aus dem Traumgeschehen." (Günter Harnisch)

das letzte Mal,

> Wohl wörtlich zu verstehen

eine Vermutung.

> eine Vermutung von mir.

Ende!

> Im Wö. d. dt. Spr. v. Be. hat „Ende" an zweiter Stelle die Bedeutung von „das

Aufhören, Schluss, Abschluss (einer An-
gelegenheit)".

Die Durchsage ist beendet.
> Im Textzusammenhang wohl zu verste-
hen als Hinweis darauf, dass der vo-
rausgegangene Text inspiriert wurde.
Sie hören jetzt einen Beitrag von Peter Voss.
> Wurde wohl gerade im Radio angesagt.

<u>27. November 1960 (Fortsetzung vom 26.11.)</u>

Die Plastik ist fertig, mittlerweile aber schon Mitternacht vorbei, sodass jetzt der 27.11., ein Sonntag, und nicht der 26., ein Samstag, ist. Ordnung muss sein.

Ich esse jetzt ein Brötchen, richtig, Geld ist gekommen, ich kaufte mir 10 Brötchen, 2 Liter Apfelsaft und Butter. Lebe wie ein Metzger, die haben es gut, wieso? Ich meine nur, warum? Eh, nun sag schon, muss das sein? Bitte! Wenn du willst, und ob, also gut, ich höre, Metzger sind Metzger, stimmt, und sind Menschen, stimmt auch, und Menschen haben es gut, Du spinnst, dann eben nicht.

Es ist tatsächlich Sonntag, nur, dass es jetzt schon ungefähr 15:00 Uhr ist. Eben reparierte ich mein Radio. Seit gestern trocknet schon die Plastik, man sollte es nicht glauben, aber es ist so. Draußen ist es grau, nass, kühl, windig. Diese unangenehm schwarzen Regenwolken, die sich deutlich vom übrigen Himmel absetzen, verdüstern den ganzen Sonntag, sprühen einen durchsichtig feinen Regen in den Garten, die kahlen Zweige der Obstbäume schütteln sich, der Hahn im Hühnergehege hat seine Verwandtschaft unter ein Dach getrieben, das in Erdnähe Schutz vor

Regen und Sturm bietet. Am Horizont verschwinden Bergzüge im nebelhaften Grau. An den Hängen Dörfer, regellos angeordnete Waldstücke, Straßen, die durch die rasende Fahrt der Autoausflügler sichtbar werden, Wind, kaltweiße Hausfassaden, Unruhe.

Es ist zum Kotzen.
Mut, einen alten Hut, denk mal einer an. Ich konstruiere:
Vor mir liegt eine Schachtel, genauer, eine Streichholzschachtel, was heißt das? Nun:

      da liegt eine Schachtel

Ich verbinde die Schachtel mit der Musik, die das reparierte Radio wieder produziert, also:

      die Schachtel der neuen Musik

Ich denke an zu Hause

      die Heimat spielt

Bis jetzt: da liegt eine Schachtel
          die Schachtel der neuen Musik
          die Heimat spielt

Das ist ja alles Quatsch. Ich muss mir was Besseres einfallen lassen. Was nur? Etwas ganz Neues!

Richtig. Die Pfeife? Nein! Kennt man! Es ist so
schwer. Aber die Zeit? Vielleicht. Versuch:

> Die Zeit ist Zeit
> und diese ist Zeit

Sehr schön.

Es regnet und es regnet wie der leibhaftige Tod.
Trauer. Ich versuche, mich umzustimmen:
Nachdenken – –
  Schlager und Knistern im Ofen, das
Geräusch der nassen Straße unter dem
  Auto, Dämmerung – – –

Ein Witz: – ich lache –
Jetzt habe ich das Licht angemacht, es ist 15:30
Uhr, rührselige Melodien, zum Kotzen, der Wind
pfeift um das Haus, Jim, Jonny und Jonas, it's
raining for you, Darling, the way you kiss, I am
sorry. Ich schreibe auf liniertem Papier, der englische Rundfunk ist langweilig, ich schalte um,
Rhythmus, der Regen wird laut, ich sehe das Bild
der Tischlampe im Fenster, die Plastik wird gut,
soll ich Anatomie machen, kleiner Tanztee für
Hörer des zweiten Programms, für die folgenden
fünfzig Minuten wünschen wir Ihnen viel Spaß,
ich schalte um, konnte das Leder nicht mehr erreichen, der Boden ist glitschig, dabei sollte die
Parole für die Berner Boys eigentlich heißen:

Stürmen, stürmen, jetzt Steilvorlage, ich schalte um, tropfende Musik, ein Auto, der Ofen ist so still, – aus, mit Papier wieder angemacht, ich schalte um, ein Neger auf KW, auch gut, was will ich eigentlich, ich denke nach, fort von hier, wohin? In einen Traum, Du Träumer, ein Träumer, zwei Träumer, aus der Traum, das soll einer glauben. Die sind verrückt geworden im Radio, Moment, Gott sei Dank, das war ein wild gewordener Staubsauger, nun spielt das Radio wieder schön leise, ja, es gefällt mir, was mache ich jetzt, ob ich an G. denke, lieber nicht, ich muss haushalten mit dem Papier, wer weiß, wann ich Geld fürs nächste Buch habe, ja, die im Lampenlicht weißen Seiten, die ungeduldige Schrift, das Zimmer, leise Musik, Regen, ich fühle den Tisch am Bein, und am Fuß, der Ofen, ich sehe nach, die Plastik wird weiß, der Ofen brennt, ich versuche jetzt wieder den schizophrenen Stil, aber erst auf der anderen Seite, diese Zeilen muss ich noch so vollbekommen, bald sind sie voll, jetzt: – Nachdenken, ich denke nach –

He, Müller!

Ja, Meister?

Müller, unter dem Einfluss der letzten Ernte hat man das Schwimmbad austrocknen lassen. Ich meine – eh – man sollte, ja, dieser verdammte

Kutscher, das Rückgrat des Heeres, nun dahin, ja, vorerst, ja? müssen wir aufpassen, dass uns niemand in die Maschine pfuscht, hm, so, aber die Fenster, ei, ei, Gauner.

Meister, ich war immer ehrlich!

Du, oh je, ehrlich, hast mich um den Finger gewickelt, nicht wahr? Tolle Fahrt, die grünen Berge, sie pfuschen auf übelste Art und Weise. Denk doch an diesen Frühling. Das war ein Gedicht. Sprachen für uns, atmeten für uns, hofften für uns im Regen, die kalten Füße waren viel zu groß. Das Buch des Nachbarn hat Eltern, die uns nicht gefallen. Tröstung? Brauchen wir nicht, und die Sakramente? – bescheißen wir für die Menschen! Das Lied hat Grippe, aber keine Schizophrenie, die ist anders, wenn ich so an mein Fahrrad denke, wie wüst das Feuer jetzt heult.

Die Tore der falschen Überzeugung sind noch nicht zu. Es wuchern in den Gärten der Vorstädter Radieschen und Rote Beete für den Winter. Draußen regnet es noch in Strömen. Es ist aussichtslos, wie arm an äußeren Mitteln: 10,–, Papier (kaum), sterbende Kugelschreiber, Hunger – zum Kotzen, es ist 16:30 Uhr, da ist noch Holzplastikmasse, die verknete ich jetzt zu einem Witz, dann philosophiere ich weiter, aber nicht hier im Buch, später einmal, man muss doch eine Zukunft haben.

So ist das. Jetzt war ich essen in der Mensa, hm, und bin wieder zurück. Übrigens, der 25.2.1959 war ein bemerkenswerter Tag, in dessen frühen Stunden ich zum ersten Mal küsste, nein, sowas, in dunkler Nacht und in einer Haustür. Da geschah es, Heinz, was war mit dir, dass dich Amor traf, dir eine unheilbare Wunde beibrachte, zum Henker mit Amor, und eine einzige lindernde, schmerzstillende Salbe verschrieb, die er jenem Mädchen zur Aufbewahrung gab, als spitze Waffe sozusagen, um eventuelle Fehltritte blutig zu ahnden. Eine seltsame Waffe und so gefährlich in den Händen einer Frau.

Eine, zwei Plastiken heute noch gemacht, einen Totenkopf oder besser das schmerzverzerrte Gesicht eines gequälten Mannes und die Idee, die Plastik einer Liebe. Letztere innerhalb kürzester Zeit ohne Rücksicht auf äußere Unvollkommenheiten zusammengeknetet. Vielleicht gelang sie nur darum, weil sie aus der Knetmasse eines missglückten Aktes stammt. „Wenn wir Menschen von heute" auch nicht an übergeordnete, abstrahierte Beziehungen glauben, so will ich doch für diesen Fall mal eine hinnehmen. Denn immerhin war der Wunsch da, etwas „Schönes" zu machen. Dass ich das nicht vergesse, der 25.2.1959 war ein bemerkenswerter Tag, so wichtig wie mein Geburtstag, vielleicht –, wenn er der Geburtstag meiner Kinder war. Heinz, werd nicht salbungsvoll. Du hast dich eben geschämt, und totgelacht hinterher, über den SSStil, den du früher schriebst. Soviel Naivität, solch großer Blödsinn ist dir noch nicht begegnet. Also, Holzauge! – das Mühlrad dreht sich und das, ich meine, das Mühlrad dreht sich im Tal und das Wasser rauscht im Kanal. So. So. lieb . . .

Aufgliederung des Textes

Die Plastik ist fertig, mittlerweile aber schon Mitternacht vorbei, so dass jetzt der 27. November ist, ein Sonntag, und nicht der 26., ein Samstag. Ordnung muss sein.

Ich esse jetzt ein Brötchen – richtig, Geld ist gekommen. Ich kaufte mir 10 Brötchen, 2 Liter Apfelsaft und Butter. Lebe wie ein Metzger, die haben es gut.

Wieso?

Ich meine nur.

Warum? Eh, nun sag schon!

Muss das sein?

Bitte!

Wenn du willst.

Und ob!

Also gut.

Ich höre!

Metzger sind Metzger …

Stimmt!

Und sind Menschen …

Stimmt auch!

Und Menschen haben es gut.

Du spinnst!

Dann eben nicht.

Es ist tatsächlich Sonntag, nur, dass es jetzt schon ungefähr 15:00 Uhr ist. Eben reparierte ich mein Radio. Seit gestern trocknet schon die Plastik, man sollte es nicht glauben, aber es ist so.

Draußen ist es grau, nass, kühl, windig. Diese unangenehm schwarzen Regenwolken, die sich deutlich vom übrigen Himmel absetzen, verdüstern den ganzen Sonntag, sprühen einen durchsichtig feinen Regen in den Garten. Die kahlen Zweige der Obstbäume schütteln sich, der Hahn im Hühnergehege hat seine Verwandtschaft unter ein Dach getrieben, das in Erdnähe Schutz vor Regen und Sturm bietet. Am Horizont verschwinden Bergzüge im nebelhaften Grau. An den Hängen Dörfer, regellos angeordnete Waldstücke, Straßen, die durch die rasende Fahrt der Autoausflügler sichtbar werden. Wind, kaltweiße Hausfassaden, Unruhe.

Es ist zum Kotzen.

Mut!

Einen alten Hut.

Denk mal einer an!

Ich konstruiere: Vor mir liegt eine Schachtel, genauer, eine Streichholzschachtel.

Was heißt das?

Nun, da liegt eine Schachtel. – Ich verbinde die Schachtel mit der Musik, die das reparierte Radio

wieder produziert. Also: Die Schachtel der neuen
Musik. – Ich denke an zu Hause: Die Heimat
spielt. – Bis jetzt: Da liegt eine Schachtel. Die
Schachtel der neuen Musik. Die Heimat spielt. –
Das ist ja alles Quatsch! Ich muss mir was Besse-
res einfallen lassen.

Was nur?

Etwas ganz Neues!

Richtig!

Die Pfeife?

Nein! Kennt man!

Es ist so schwer! – Aber die Zeit?

Vielleicht. Versuch!

Die Zeit ist Zeit, und diese ist Zeit.

Sehr schön!

Es regnet und es regnet, wie der leibhaftige Tod.

Trauer!

Ich versuche, mich umzustimmen: Nachdenken.
– – Schlager und Knistern im Ofen, das Ge-

räusch der nassen Straße unter dem Auto, Dämmerung – ein Witz: Ich lache.

Jetzt habe ich das Licht angemacht. Es ist 15:30 Uhr. Rührselige Melodien – zum Kotzen. Der Wind pfeift um das Haus. Jim, Jonny und Jonas, it's raining for you, Darling, the way you kiss, I am sorry.

Ich schreibe auf liniertem Papier. Der englische Rundfunk ist langweilig. Ich schalte um: Rhythmus. – Der Regen wird laut. Ich sehe das Bild der Tischlampe im Fenster. Die Plastik wird gut. Soll ich Anatomie machen? – Kleiner Tanztee für Hörer des zweiten Programms: „Für die folgenden fünfzig Minuten wünschen wir Ihnen viel Spaß." Ich schalte um: „… konnte das Leder nicht mehr erreichen, der Boden ist glitschig." – Dabei sollte die Parole für die Berner Boys eigentlich heißen: Stürmen, stürmen, jetzt Steilvorlage. – Ich schalte um: Tropfende Musik. – Ein Auto. Der Ofen ist so still! – Aus! – Mit Papier wieder angemacht. Ich schalte um: Ein Neger auf KW.

Auch gu!.

Was will ich eigentlich? Ich denke nach. – Fort von hier!

Wohin?

In einen Traum.

Du Träumer!

Ein Träumer, zwei Träumer, aus der Traum.

Das soll einer glauben!

Die sind verrückt geworden im Radio – Moment! – Gott sei Dank, das war ein wild gewordener Staubsauger. Nun spielt das Radio wieder schön leise, ...

_Ja!_

... es gefällt mir. Was mache ich jetzt? Ob ich an G. denke? Lieber nicht, ich muss haushalten mit dem Papier. Wer weiß, wann ich Geld fürs nächste Buch habe ...
_Ja!_

... die im Lampenlicht weißen Seiten, die ungeduldige Schrift, das Zimmer, leise Musik, Regen. Ich fühle den Tisch am Bein, und am Fuß. Der Ofen, ich sehe nach. Die Plastik wird weiß, der Ofen brennt. Ich versuche jetzt wieder den schizophrenen Stil, aber erst auf der anderen Seite. Diese Zeilen muss ich noch so voll bekommen. Bald sind sie voll, jetzt! – Nachdenken, ich denke nach. –

He, Müller!

Ja, Meister?

Müller, unter dem Einfluss der letzten Ernte hat man das Schwimmbad austrocknen lassen.

Ich meine – eh – man sollte ...

Ja, dieser verdammte Kutscher, das Rückgrat des Heeres, nun dahin. Ja, vorerst ...

Ja?

... müssen wir aufpassen, dass uns niemand in die Maschine pfuscht.

Hm?

So!

Aber die Fenster ...

Ei, ei, Gauner!

Meister, ich war immer ehrlich!

Du, oh je, ehrlich?! Hast mich um den Finger gewickelt, nicht wahr? Tolle Fahrt, die grünen Berge, sie pfuschen auf übelste Art und Weise. Denk doch an diesen Frühling!

Das war ein Gedicht. Sprachen für uns, atmeten für uns, hofften für uns im Regen, die kalten Füße waren viel zu groß.

Das Buch des Nachbarn hat Eltern, die uns nicht gefallen.

Tröstung?

Brauchen wir nicht.

Und die Sakramente?

Bescheißen wir für die Menschen!

Das Lied hat Grippe, aber keine Schizophrenie. Die ist anders. Wenn ich so an mein Fahrrad denke – wie wüst das Feuer jetzt heult!

Die Tore der falschen Überzeugung sind noch nicht zu!

Es wuchern in den Gärten der Vorstädter Radieschen, und Rote Bete für den Winter.

Draußen regnet es noch in Strömen. Es ist aussichtslos, wie arm an äußeren Mitteln: 10 DM, kaum Papier, sterbende Kugelschreiber, Hunger – zum Kotzen. Es ist 16:30 Uhr. Da ist noch Holzplastikmasse, die verknete ich jetzt zu einem

Witz, dann philosophiere ich weiter, aber nicht hier im Buch, später einmal, man muss doch eine Zukunft haben.

<u>20:30 Uhr</u>

So ist das!

Jetzt war ich essen in der Mensa – hm – und bin wieder zurück. Übrigens, der 25. Februar 1959 war ein bemerkenswerter Tag, in dessen frühen Stunden ich zum ersten Mal küsste.

Nein, sowas!

In dunkler Nacht und in einer Haustür – da geschah es.

Heinz, was war mit dir, dass dich Amor traf, dir eine unheilbare Wunde beibrachte …

Zum Henker mit Amor!

… und eine einzige lindernde, schmerzstillende Salbe verschrieb.

Die er jenem Mädchen zur Aufbewahrung gab, als spitze Waffe sozusagen, um eventuelle Fehltritte blutig zu ahnden!

Eine seltsame Waffe!

Und so gefährlich in den Händen einer Frau!

Eine, zwei Plastiken heute noch gemacht, einen Totenkopf , oder besser, das schmerzverzerrte Gesicht eines gequälten Mannes, und die Idee, die Plastik einer Liebe. Letztere innerhalb kürzester Zeit ohne Rücksicht auf äußere Unvollkommenheiten zusammengeknetet. Vielleicht gelang sie nur darum, weil sie aus der Knetmasse eines missglückten Aktes stammt. Wenn „wir Menschen von heute" auch nicht an übergeordnete, abstrahierte Beziehungen glauben, so will ich doch für diesen Fall mal einen hinnehmen. Denn immerhin war der Wunsch da, etwas „Schönes" zu machen.

Dass ich das nicht vergesse, der 25. Februar 1959 war ein bemerkenswerter Tag, so wichtig wie mein Geburtstag, vielleicht –, wenn er der Geburtstag meiner Kinder war.

Heinz, werd nicht salbungsvoll! Du hast dich eben geschämt, und totgelacht hinterher über den SSStil, den du früher schriebst.

So viel Naivität, solch großer Blödsinn ist dir noch nicht begegnet!

Also, Holzauge!

Das Mühlrad dreht sich und das, ich meine das Mühlrad, dreht sich im Tal, und das Wasser rauscht im Kanal. So, so lieb …

<u>Deutung</u>
> Tagebucheintrag überwiegend inspiriert.

Die Plastik ist fertig,
> Gemeint ist die Plastik, von der ich am 24. November berichtete.

mittlerweile aber schon Mitternacht vorbei, so dass jetzt der 27. November ist, ein Sonntag, und nicht der 26., ein Samstag. Ordnung muss sein.

Ich esse jetzt ein Brötchen – richtig, Geld ist gekommen. Ich kaufte mir 10 Brötchen, 2 Liter Apfelsaft und Butter. Lebe wie ein Metzger, die haben es gut.

Wieso?

Ich meine nur.

Warum? Eh, nun sag schon!

Muss das sein?

Bitte!

Wenn du willst.

Und ob!

Also gut.

Ich höre!

Metzger sind Metzger …

Stimmt!

Und sind Menschen …

Stimmt auch!

Und Menschen haben es gut.

Du spinnst!

Dann eben nicht.

Es ist tatsächlich Sonntag, nur, dass es jetzt schon ungefähr 15:00 Uhr ist. Eben reparierte ich mein Radio. Seit gestern trocknet schon die Plastik, man sollte es nicht glauben, aber es ist so.

Draußen ist es grau, nass, kühl, windig. Diese unangenehm schwarzen Regenwolken, die sich deutlich vom übrigen Himmel absetzen, verdüstern den ganzen Sonntag, sprühen einen durchsichtig feinen Regen in den Garten. Die kahlen Zweige der Obstbäume schütteln sich, der Hahn im Hühnergehege hat seine Verwandtschaft unter ein Dach getrieben, das in Erdnähe Schutz vor Regen und Sturm bietet. Am Horizont verschwinden Bergzüge im nebelhaften Grau. An den Hängen Dörfer, regellos angeordnete Waldstücke, Straßen, die durch die rasende Fahrt der Autoausflügler sichtbar werden. Wind, kaltweiße Hausfassaden, Unruhe.

Es ist zum Kotzen.

Mut!

Einen alten Hut.

> ➢ „Das ist ein alter Hut" bedeutet nach dem Wörterbuch der deutschen Sprache von Bertelsmann (Wö. d. dt. Spr. v. Be.) (umgangssprachlich) „das ist eine schon lange bekannte Sache".

Denk mal einer an!

Ich konstruiere: Vor mir liegt eine Schachtel, genauer, eine Streichholzschachtel.

> In meinem Tagebucheintrag vom 20. November zählte ich die Dinge auf, die vor mir auf meinem Tisch lagen. Dazu gehörte eine leere Streichholzdose.

Was heißt das?

Nun, da liegt eine Schachtel. – Ich verbinde die Schachtel mit der Musik, die das reparierte Radio wieder produziert. Also: Die Schachtel der neuen Musik. – Ich denke an zu Hause: Die Heimat spielt. – Bis jetzt: Da liegt eine Schachtel. Die Schachtel der neuen Musik. Die Heimat spielt. – Das ist ja alles Quatsch! Ich muss mir was Besseres einfallen lassen.

Was nur?

Etwas ganz Neues!

Richtig!

Die Pfeife?

> Zu den vor mir auf dem Tisch liegenden Dingen gehörte die Pfeife.

Nein! Kennt man!

Es ist so schwer! – Aber die Zeit?

Vielleicht. Versuch!

Die Zeit ist Zeit, und diese ist Zeit.

> ➢ Von Bedeutung ist hier wohl das Hilfsverb „ist", denn damit bringe ich unbewusst zum Ausdruck, dass die Zeit gegenwärtig ist, dass es also nur eine Zeit gibt, und zwar die Gegenwart.

Sehr schön!

Es regnet und es regnet, wie der leibhaftige Tod.

> ➢ „Der Regen ist ein Fruchtbarkeitssymbol. Er hat vorwiegend die Bedeutung einer geistigen Befruchtung im Sinne von neuen und schöpferischen Ideen. Manchmal ist dieses Symbol aber auch Ausdruck von Traurigkeit oder depressiver Stimmung." (Günter Harnisch)

Trauer!

Ich versuche, mich umzustimmen: Nachdenken – – Schlager und Knistern im Ofen, das Geräusch der nassen Straße unter dem Auto, Dämmerung – ein Witz:

> *Nämlich das, was ich gerade vortrug. — Im Wö. d. dt. Spr. v. Be. hat „Witz" an fünfter Stelle die Bedeutung von „unsinnige, groteske Sache".*

Ich lache.

Jetzt habe ich das Licht angemacht. Es ist 15:30 Uhr. Rührselige Melodien –

> *Im Radio*

zum Kotzen. Der Wind pfeift um das Haus.

> *„... Oft ist der Wind Hinweis auf starke geistige Energien ..." (Günter Harnisch). — In meinen inspirierten Tagebucheintragungen symbolisiert der Wind meist den Gedankenaustausch im Rahmen einer Inspiration bzw. des automatischen Schreibens. — „Das Haus stellt im Traum das Gehäuse der Seele dar. Entsprechend informieren die einzelnen Räume über die verschiedenen seelischen Funktionen ..." (Günter Harnisch)*

Jim, Jonny und Jonas, it's raining for you, Darling, the way you kiss, I am sorry.

> *Im Radio*

Ich schreibe auf liniertem Papier. Der englische Rundfunk ist langweilig. Ich schalte um: Rhythmus. – Der Regen wird laut. Ich sehe das Bild der Tischlampe im Fenster. Die Plastik wird gut. Soll ich Anatomie machen? – Kleiner Tanztee für Hörer des zweiten Programms: „Für die folgenden fünfzig Minuten wünschen wir Ihnen viel Spaß." Ich schalte um: „… konnte das Leder nicht mehr erreichen, der Boden ist glitschig." Dabei sollte die Parole für die Berner Boys eigentlich heißen: Stürmen, stürmen, jetzt Steilvorlage. – Ich schalte um: Tropfende Musik. – Ein Auto. Der Ofen ist so still! – Aus! – Mit Papier wieder angemacht. Ich schalte um: Ein Neger auf KW. –

> ➤ … auf Kurzwelle. – 1960 schrieb ich
> das. Ich bitte um Entschuldigung.

Auch gut!

Was will ich eigentlich? Ich denke nach. – Fort von hier!

Wohin?

In einen Traum.

Du Träumer!

> ➤ Im Wö. d. dt. Spr. v. Be. hat „Träumer"
> an zweiter Stelle die Bedeutung von

„jemand, der viel in Gedanken versun-
ken ist, der in seinen Fantasien lebt".

Ein Träumer, zwei Träumer, aus der Traum.
> „Aus der Traum!" bedeutet nach dem
Wö. d. dt. Spr. v. Be. (im übertragenen
Sinn) „es ist nichts daraus geworden".

Das soll einer glauben!

Die sind verrückt geworden im Radio – Moment!
– Gott sei Dank, das war ein wild gewordener
Staubsauger. Nun spielt das Radio wieder schön
leise, ...

Ja!

... es gefällt mir. Was mache ich jetzt? Ob ich an
G. denke?
> Gemeint ist G., meine Freundin, die
mich verließ.
Lieber nicht, ich muss haushalten mit dem Papier. Wer weiß, wann ich Geld fürs nächste Buch
habe ...
> Fürs nächste Tagebuch
Ja!

... die im Lampenlicht weißen Seiten, die ungeduldige Schrift, das Zimmer, leise Musik, Regen. Ich fühle den Tisch am Bein, und am Fuß. Der Ofen, ich sehe nach.

> ➢ *... ich sehe nach ihm.*

Die Plastik wird weiß, der Ofen brennt. Ich versuche jetzt wieder den schizophrenen Stil,

> ➢ *... den schizophrenen Schreibstil. – Infolge meiner damaligen Wissenschaftsgläubigkeit dachte ich, dass unser gesamtes Denken, Reden und Handeln auf Reaktionsabläufen in unserem Zentralnervensystem beruhe. Ich sah keinen Sinn mehr in meinem Leben und schrieb, einem inneren Schreibdrang folgend, in mein Tagebuch meist nur das, was mir gerade einfiel. In der Regel setzte dabei ein Gedankenfluss ein, der eine mehr oder weniger lange Zeit anhielt und dann wieder abrupt abbrach. Was ich dabei zu Papier brachte, war mir meist unverständlich und wirkte wie schizophren, aber ich verspürte danach jeweils ein deutliches Gefühl der Zufriedenheit.*

aber erst auf der anderen Seite.

> ➢ *Nämlich auf der nächsten, der rechten Seite im Tagebuch*

Diese Zeilen muss ich noch so voll bekommen.

> ➢ *Also auf der linken Seite unten.*

Bald sind sie voll, jetzt! – Nachdenken, ich denke nach. –

He, Müller!

> ➢ *Im Wö. d. dt. Spr. v. Be. wird „Müller" definiert als „jemand, der berufsmäßig in der Müllerei arbeitet". Bezüglich der Anrede mit „Müller" siehe auch meinen Tagebucheintrag vom 12. November 1959.*

Ja, Meister?

Müller, unter dem Einfluss der letzten Ernte hat man das Schwimmbad austrocknen lassen.

> ➢ *„Erntevorgänge weisen fast immer auf das Verlangen nach Erkenntnis, Erfolg und Sicherheit hin. Je reicher die Ernte ist, umso stärker ist die Hoffnung auf Erfolg. Missernten deuten auf Zweifel,*

Unsicherheit, Minderwertigkeitsgefühle und Zukunftsängste hin. Die genauere Aussage ergibt sich aus dem Traumzusammenhang. Wichtig ist dabei, was geerntet wird." (Günter Harnisch). – Zu „schwimmen" heißt es bei Günter Harnisch unter anderem: „Dieses Traumbild symbolisiert körperliche und seelische Entspanntheit, Ausgeglichenheit und ein positives Selbstwertgefühl …"

Ich meine – eh – man sollte …

Ja, dieser verdammte Kutscher, das Rückgrat des Heeres, nun dahin.

> „Zu etwas verdammt sein" bedeutet nach dem Wö. d. dt. Spr. v. Be. „zu etwas verurteilt, gezwungen sein". – Im gleichen Wörterbuch wird „Kutscher" definiert als „jemand, der eine Kutsche lenkt". – Und zu Kutsche heißt es bei Günter Harnisch: „Sie ist ein ursprüngliches Persönlichkeits- und Statussymbol. Meist weist sie dabei auf Verspiel-

theit und Extravaganz hin. Manchmal symbolisiert die Kutsche Flucht aus der Realität in eine Welt der Fantasie.“

Ja, vorerst ...

Ja?

... müssen wir aufpassen, dass uns niemand in die Maschine pfuscht.

> ➢ Infolge meiner damaligen Wissenschaftsgläubigkeit, siehe oben, verglich ich mich des Öfteren mit einer Maschine. – In meinem Tagebucheintrag vom 14. April 1963 heißt es, an mich gerichtet: „Ich sagte, du stehst, Schatzträger, lebendige Maschine!“ Als letztere sicherlich darum, weil ich als Schreibmedium – also als eine lebendige Schreibmaschine – das mir Inspirierte automatisch schreibend zu Papier brachte.

Hm?

So!

> ➢ Nämlich so, wie es gerade geschieht.

Aber die Fenster …

> Zu „Fenster" schreibt „Der Traumdeuter.ch" unter anderem: „<u>Psychologisch</u>: Der Träumende nimmt nicht direkt am Geschehen des Lebens teil, er befindet sich eher in der Rolle des Beobachters …"

Ei, ei, Gauner!

Meister, ich war immer ehrlich!

Du, oh je, ehrlich?! Hast mich um den Finger gewickelt, nicht wahr?

> „Den kannst du um den Finger wickeln" bedeutet nach dem Wö. d. dt. Spr. v. Be. (im übertragenen Sinn und umgangssprachlich) „der tut dir alles zu Gefallen, der tut alles für dich".

Tolle Fahrt,

> Wohl zu beziehen auf den „Kutscher".

die grünen Berge, sie pfuschen auf übelste Art und Weise.

> „Grün ist im Traum wie in der Wirklichkeit die Farbe des frischen, neuen naturhaften Lebens. Es zeigt ein Werden

an, noch keine Reife. Grün kann also auch die Bedeutung von unreif haben." (Günter Harnisch). – Zu „Berg" schreibt Georg Fink unter anderem: „Er deutet auf Probleme hin, die vor uns aufragen …" – Synonyme für „pfuschen" sind nach dem Duden unter anderem „betrügen, täuschen".

Denk doch an diesen Frühling!

> ➤ In Verbindung mit den nachfolgenden Angaben ist der Frühling 1959 gemeint.

Das war ein Gedicht.

> ➤ Ein Synonym für „Gedicht" ist nach dem Duden unter anderem „Romanze".

Sprachen für uns, atmeten für uns, hofften für uns im Regen, die kalten Füße waren viel zu groß.

> ➤ Nämlich meine Füße. – Zu „Kälte" schreibt Georg Fink: „Immer ein Zeichen, dass in einem etwas friert. Das kann die Mahnung sein, rechtzeitig gegen eine mögliche Krankheit anzugehen oder auch ganz einfach gegen Gefühllo-

sigkeit und Herzenskälte." – „Mit den Beinen, dem Fuße ist symbolisch verbunden, was unsern „Lebensgang" betrifft. Die phallische, also sexuelle Bedeutung, welche die Psychoanalyse dem Symbol des Fußes mit Recht auch zuspricht, tritt hinter jenen allgemeinen Gehalt des Fußsymbols als ein Zeichen dessen, womit wir weiterschreiten, zurück." (Ernst Aeppli). – Einen Geschlechtsverkehr, ohne die Zeit des Eisprunges bei der Partnerin zu kennen, lehnte ich damals ab.

Das Buch des Nachbarn hat Eltern, die uns nicht gefallen.

> ➢ In Verbindung mit der obigen Textstelle „… müssen wir aufpassen, dass uns niemand in die Maschine pfuscht" meldet sich hier wohl eine zweite innere Stimme. – Mit „Buch" ist im Textzusammenhang sicherlich mein Tagebuch gemeint, mit „Nachbarn" ich selbst als Schreiber und mit „Eltern" die geistigen Urheber dieses Buches.

Tröstung?

> Nämlich durch diese „Eltern"

Brauchen wir nicht.

Und die Sakramente?

> Im Wö. d. dt. Spr. v. Be. hat „Sakrament" an erster Stelle die Bedeutung von „Glaubensgeheimnis", an zweiter Stelle von „göttliches Gnadenzeichen" und an dritter Stelle von „religiöse Handlung, bei der göttliche Gnadengaben vermittelt werden (zum Beispiel Taufe, Abendmahl)".

Bescheißen wir für die Menschen!

> „Auf etwas scheißen" bedeutet nach dem Wö. d. dt. Spr. v. Be. „von etwas nichts wissen wollen, sich nicht um etwas kümmern".

Das Lied hat Grippe,

> „Ich kann ein Lied davon singen" bedeutet nach dem Lexikon der sprichwörtlichen Redensarten „ich kann davon aus eigener (schlimmer) Erfahrung

berichten". – Das Synonym für „Grippe" ist nach dem Wö. d. dt. Spr. v. Be. „Influenza", und Influenza wird nach dem Herkunftswörterbuch des Duden abgeleitet vom lateinischen Wort „influere", das im Langenscheidts Taschenwörterbuch übersetzt wird mit „hineinfließen, hineinströmen; unvermerkt eindringen, sich einschleichen". – Im Synonymwörterbuch des Duden wird als ein Synonym für „Grippe" an erster Stelle „Atemwegserkrankung" angegeben. – „Das Ein- und Ausatmen bedeutet Anspannung und Entspannung. Es veranschaulicht auf diese Weise Lebensenergie ..." (Günter Harnisch)
aber keine Schizophrenie.

> ➢ Nach dem Pschyrembel (Klinisches Wörterbuch, 258. Auflage) ist die Schizophrenie eine „Form der körperlich nicht begründbaren Psychose, die durch ein Nebeneinander von gesunden und veränderten Erlebnis- und Verhaltensweisen gekennzeichnet ist".

Die ist anders. Wenn ich so an mein Fahrrad
denke –

> ,,Im Traum symbolisiert das Fahrrad
> Individualität, Selbstständigkeit und
> den Versuch, im Leben eigene Wege zu
> gehen." (Günter Harnisch)

wie wüst das Feuer jetzt heult!

> In der Realität im Ofen, symbolisch die
> letzte innere Stimme. – Im Wö. d. dt.
> Spr. v. Be. hat ,,Feuer" an achter Stelle
> (im übertragenen Sinn) die Bedeutung
> von ,,Heftigkeit", zum Beispiel ,,das
> Feuer seines Hasses, Zorns, seiner Lie-
> be".

Die Tore der falschen Überzeugung sind noch nicht zu!

Es wuchern in den Gärten der Vorstädter Radieschen, und Rote Bete für den Winter.

> ,,Der Garten ist im Allgemeinen ein
> Symbol der partnerschaftlichen Bezie-
> hung. Er zeigt Wachstum, Fruchtbar-
> keit, Lebensfreude an und hat fast im-
> mer eine positive Bedeutung ..." (Günter
> Harnisch). – ,,Die Stadt stellt im Traum

den seelischen Umweltbereich des Träumenden dar …" (Günter Harnisch). – Radieschen gehören zur Gattung der Rettiche, und Rote Bete zur Gattung der Rüben. Zu Rettich schreibt Günter Harnisch: „Dieses Traumsymbol gilt als Symbol der männlichen Sexualität." Und zu Rübe heißt es beim gleichen Autor: „Dieses Traumbild ist Symbol der männlichen Sexualität."

Draußen regnet es noch in Strömen. Es ist aussichtslos, wie arm an äußeren Mitteln:

➢ … wie arm ich bin an äußeren Mitteln
10 DM, kaum Papier, sterbende Kugelschreiber, Hunger – zum Kotzen. Es ist 16:30 Uhr. Da ist noch Holzplastikmasse, die verknete ich jetzt zu einem Witz, dann philosophiere ich weiter, aber nicht hier im Buch, später einmal, man muss doch eine Zukunft haben.

<u>20:30 Uhr</u>

So ist das!

> Wohl mit einem Bezug zum Ende des vorangegangenen Eintrags.

Jetzt war ich essen in der Mensa – hm – und bin wieder zurück. Übrigens, der 25. Februar 1959 war ein bemerkenswerter Tag, in dessen frühen Stunden ich zum ersten Mal küsste.

Nein, sowas!

In dunkler Nacht und in einer Haustür – da geschah es.

Heinz, was war mit dir, dass dich Amor traf, dir eine unheilbare Wunde beibrachte ...

Zum Henker mit Amor!

... und eine einzige lindernde, schmerzstillende Salbe verschrieb.

Die er jenem Mädchen zur Aufbewahrung gab, als spitze Waffe sozusagen, um eventuelle Fehltritte blutig zu ahnden!

> „Blut symbolisiert Lebenskraft, Liebe und Leidenschaft ...“ (Günter Harnisch)

Eine seltsame Waffe!

Und so gefährlich in den Händen einer Frau!

Eine, zwei Plastiken heute noch gemacht, einen Totenkopf, oder besser, das schmerzverzerrte Gesicht eines gequälten Mannes,

> *Mit dem ich wohl mich selbst meinte.*

und die Idee, die Plastik einer Liebe. Letztere innerhalb kürzester Zeit ohne Rücksicht auf äußere Unvollkommenheiten zusammengeknetet. Vielleicht gelang sie nur darum, weil sie aus der Knetmasse eines missglückten Aktes stammt. Wenn „wir Menschen von heute" auch nicht an übergeordnete, abstrahierte Beziehungen glauben,

> *Nämlich als Wissenschaftsgläubige*

so will ich doch für diesen Fall mal einen hinnehmen.

> *Nämlich einen Glauben daran*

Denn immerhin war der Wunsch da, etwas „Schönes" zu machen.

Dass ich das nicht vergesse, der 25. Februar 1959 war ein bemerkenswerter Tag, so wichtig wie mein Geburtstag, vielleicht –, wenn er der Geburtstag meiner Kinder war.

> *Wäre G. meine Frau geworden, wäre,*
> *im übertragenen Sinn, der 25. Februar*
> *1959 auch der Geburtstag unserer ge-*
> *meinsamen Kinder gewesen.*

Heinz, werd nicht salbungsvoll! Du hast dich eben geschämt, und totgelacht hinterher über den SSStil, den du früher schriebst.

> Wohl zurückkommend auf obige Textstelle: „… ein Witz. Ich lache."

So viel Naivität, solch großer Blödsinn ist dir noch nicht begegnet!

Also, Holzauge!

> „Mit dem Ausspruch ‚Holzauge, sei wachsam' mahnt man zur Vorsicht." (Redensarten-Index). – Nach dem Wö. d. dt. Spr. v. Be. hat „Holz" (landschaftlich) auch die Bedeutung von „(kleiner) Wald". – „Traumhandlungen im Wald weisen meist auf archetypische Muster des Kollektiven Unbewussten in uns hin. Der Wald gilt als Symbol des Unbewussten …" (Günter Harnisch). – „Im Volksmund bezeichnet man die Augen als den Spiegel der Seele. Das Auge hat im Traum die Symbolbedeutung eines Bewusstseinsorgans …" (Günter Harnisch)

Das Mühlrad dreht sich und das, ich meine das Mühlrad, dreht sich im Tal,

> *Mit einem Bezug zur obigen Textstelle „He, Müller!" – Zu „Tal" heißt es bei Günter Harnisch unter anderem: „Dieses Traumbild weist auf einen Tiefpunkt hin, auf eine Krise im Denken, Fühlen oder Handeln des Träumenden ..."*

und das Wasser rauscht im Kanal.

> *„Das Wasser symbolisiert im Traum unbewusste seelische Energie ..." (Günter Harnisch)*

So, so lieb ...

> *In Erinnerung an G.*

Eine histologische Vorlesung heute, Tabak besorgt, zuhause gelernt, in der Mensa gegessen, anschließend bis 15:00 Uhr geschlafen (die letzte Nacht beinahe schlaflos), für Anatomie gearbeitet, gegessen, Besuch von einem 2-semestrigen Medizinstudenten (Maler und van Gogh-Anhänger, hübscher Junge mit einem individualisierten Kopf – tolle Nase – schwankt zwischen Medizin, Kunstgeschichte, Germanistik und Zeitung). Anatomie, Anatomie bis zum Verrücktwerden. Habe aber vorher abgebrochen. Seit gestern wahnsinnige Kopfschmerzen, liegt höchstwahrscheinlich am vielen Tabakgenuss, denn sie lassen bei Rauchpausen nach. Wie sonderbar! Ein finanziell so erbärmliches Leben wie hier hätte ich mir nie träumen lassen. Ich rechne mit Pfennigen, die Melabontabletten haben für endliche Rote Hand ungekauft bleiben müssen. Meine Schrift ist furchtbar: zu erfinden wäre noch die unmittelbare Übertragung der Gedanken auf Papier oder sonstigen Speicher. Heute fehlt mir die Lust an diesem Saubuch, ich baue am Schauspiel weiter. Gute Nacht. PS. Die Plastik trocknet schlecht, jetzt steht sie auf dem heißen Ofen, da bleibt sie wenigstens warm. Die unfertige, schäbige „Liebe" macht in dieser Beziehung viel weniger Kummer. Sie scheint innere Wärme zu haben, die sie hart und fest wie Eichenholz macht. So ist das.

Aufgliederung des Textes und Erläuterung

> *Die fett geschriebenen Kommentare stammen wohl von einem geistigen Gesprächspartner.*

Eine histologische Vorlesung heute, Tabak besorgt, zu Hause gelernt, in der Mensa gegessen. Anschließend bis 15:00 Uhr geschlafen (die letzte Nacht beinahe schlaflos), für Anatomie gearbeitet, gegessen, Besuch von einem 2-semestrigen Medizinstudenten (Maler und van Gogh-Anhänger, hübscher Junge mit einem individualisierten Kopf – tolle Nase – schwankt zwischen Medizin, Kunstgeschichte, Germanistik und Zeitung). Anatomie, Anatomie bis zum Verrücktwerden. Habe aber vorher abgebrochen. Seit gestern wahnsinnige Kopfschmerzen, liegt höchstwahrscheinlich am vielen Tabakkonsum, denn sie lassen bei Rauchpausen nach.

Wie sonderbar!

Ein finanziell so erbärmliches Leben wie hier hätte ich mir nie träumen lassen. Ich rechne mit

Pfennigen. Die Melabontabletten haben für endliche „Rote Hand" ungekauft bleiben müssen.

>   *Der letzte Satz ist sicherlich zu verste-
> hen im Sinne von: Nachdem ich mir
> endlich wieder „Rote Hand" (Zigaretten
> der Marke „Roth-Händle") gekauft ha-
> be, fehlte mir das Geld für Melabontab-
> letten.*

Meine Schrift ist furchtbar. Zu erfinden wäre
noch die unmittelbare Übertragung der Gedanken auf Papier oder sonstigen Speicher. Heute
fehlt mir die Lust an diesem Saubuch, ich baue
am Schauspiel weiter.

>   *Näheres zum „Schauspiel" evtl. später.*

Gute Nacht.

PS: Die Plastik trocknet schlecht. Jetzt steht sie
auf dem heißen Ofen, da bleibt sie wenigstens
warm. Die unfertige, schäbige „Liebe" macht in
dieser Beziehung viel weniger Kummer.

>   *Am Vortag schrieb ich ins Tagebuch:
> „Eine, zwei Plastiken heute noch ge-
> macht, einen Totenkopf , oder besser,
> das schmerzverzerrte Gesicht eines ge-*

quälten Mannes, und die Idee, die Plastik einer Liebe.“

Sie scheint innere Wärme zu haben, die sie hart
und fest wie Eichenholz macht.

So ist das!

Ich bin müde. Dienstags und donnerstags jeweils neun Stunden Unterricht ohne Mittagsschlaf, der bei der kurzen Nacht als Ausgleich nötig ist. Ich lerne die Kopf-Hals-Partie, Donnerstag ist Abgabe. Wie immer lerne ich das, was nicht verlangt wird, das primitive „Muss" wird vernachlässigt. Morgen werde ich es nachholen.

Das Geld ist wieder auf, das Auto läuft seit 11:00 Uhr auf Reserve. Donnerstagnacht fahre ich nach Hause.

Die Plastik ärgerte mich. Die zu starke Ofenhitze ließ einen Riss entstehen, einen unangenehmen Riss in der Mitte zwischen Figur und Hand. Ich nahm etwas von der noch feuchten Masse im Inneren und schloss ihn damit. Das geht, solange Regenerationsblastem oder Ersatzzellen da sind. Hoffentlich passiert es nicht mehr.

Heute Abend beinahe eineinhalb Stunden ununterbrochen erzählt – unten in der Küche mit dem Mieter und der Frau Bäsel. Eigenartig, im Stehen rede ich gern, bin interessierter. Das macht die Zwanglosigkeit, die dauernde Möglichkeit zum Weggehen.

Wie geht es G.? Eine jämmerliche Frage. Sie macht mir jedes andere Mädchen gleichgültig insofern, dass ich nichts unternehme. Wäre es nur nie gewesen oder anders, lieber, zärtlicher.

So ungeheuer trostlos hätte ich mir die Liebe nie vorgestellt. Ich möchte etwas von ihr: Sie sehen, sie anlächeln – so, wie es mir seit langem nicht mehr gelingt, ich möchte, möchte – ein kleiner Gruß, ein Gedanke, ein Traum, eine Ehrlichkeit – aber sie wirft mir das Gegenteil vor, wüsste sie doch von dem Gefühl eines Jungen etwas, etwas Kleines nur. Ich habe Angst um sie, male mir wahnwitzigerweise aus, sie könnte in meiner Abwesenheit gestorben sein, ein unheimliches Wort. Wenige Briefe von ihr, die lieb waren, aber hinterher durch all das Böse so stinkend faul erscheinen und glauben machen, dass die vielen Worte eine große Lüge formten, ich kann das einfach nicht glauben. Wenn sie jetzt träumt, komme ich zu ihr, ganz arm und schmutzig, und bitte sie um einen kleinen Kuss. Den nehme ich zärtlich und bleibe bei ihr. Ich mache mich tot. Leider kann ich mich nicht <u>so</u> überlasten, um das loszuwerden.

Ich denke jetzt an nichts. Da kommt eine große Zeit auf mich zu. Ich schneide sie auf. In ihrem Bauch finde ich bunte Dinge, an denen ich mich ergötze. Ein Baustein von unregelmäßiger Form und intensiv roter Farbe bin ich selbst. Ich werfe ihn gegen die Zeit. Sie nimmt und wirft ihn zurück. Ein verzweifelter Kampf. Meine Arme erlahmen und halten die Wucht der Würfe nicht mehr. Ich baue einen Turm und viele andere und setze den Stein obenauf. Alles bricht. Ich ordne ihn mit anderen zu ebener Erde, doch er stößt, und sie alle stoßen sich und verletzen das Bild der bunten Harmonie. Da bitte ich die große Zeit zu trinken, sinnlos zu trinken. Und, siehe, in vergnüglichem Taumel beginnen die vielen Dinge zu tanzen, und ihre Stöße werden weich und federnd und tun nicht weh.

<u>Aufgliederung des Textes und Deutung</u>
> *Tagebucheintrag ab „Ich denke jetzt an nichts" inspiriert.*

Ich bin müde. Dienstags und donnerstags jeweils neun Stunden Unterricht ohne Mittagsschlaf, der bei der kurzen Nacht als Ausgleich nötig ist. Ich lerne die Kopf-Hals-Partie, Donnerstag ist Abgabe. Wie immer lerne ich das, was nicht verlangt wird, das primitive „Muss" wird vernachlässigt. Morgen werde ich es nachholen.

Das Geld ist wieder auf, das Auto läuft seit 11:00 Uhr auf Reserve. Donnerstagnacht fahre ich nach Hause.

172

Die Plastik ärgerte mich. Die zu starke Ofenhitze ließ einen Riss entstehen, einen unangenehmen Riss in der Mitte zwischen Figur und Hand. Ich nahm etwas von der noch feuchten Masse im Inneren und schloss ihn damit. Das geht, solange Regenerationsblastem oder Ersatzzellen da sind. Hoffentlich passiert es nicht mehr.

Heute Abend beinahe eineinhalb Stunden ununterbrochen erzählt – unten in der Küche mit dem Mieter und der Frau B. Eigenartig, im Stehen rede ich gern, bin interessierter. Das macht die Zwanglosigkeit, die dauernde Möglichkeit zum Weggehen.

Wie geht es G.? Eine jämmerliche Frage. Sie macht mir jedes andere Mädchen gleichgültig insofern, dass ich nichts unternehme. Wäre es nur nie gewesen – oder anders: lieber, zärtlicher. So ungeheuer trostlos hätte ich mir die Liebe nie vorgestellt. Ich möchte etwas von ihr: Sie sehen, sie anlächeln – so, wie es mir seit langem nicht mehr gelingt. Ich möchte, möchte – ein kleiner Gruß, ein Gedanke, ein Traum, eine Ehrlichkeit – aber sie wirft mir das Gegenteil vor. Wüsste sie doch von dem Gefühl eines Jungen etwas, etwas Kleines nur.

> *... ein klein wenig nur*

Ich habe Angst um sie, male mir wahnwitzigerweise aus, sie könnte in meiner Abwesenheit gestorben sein, ein unheimliches Wort. Wenige Briefe von ihr, die lieb waren, aber hinterher durch all das Böse so stinkend faul erscheinen und glauben machen, dass die vielen Worte eine große Lüge formten. Ich kann das einfach nicht glauben. Wenn sie jetzt träumt, komme ich zu ihr, ganz arm und schmutzig, und bitte sie um einen kleinen Kuss. Den nehme ich zärtlich und bleibe bei ihr. – Ich mache mich tot. Leider kann ich mich nicht <u>so</u> überlasten, um das loszuwerden.

> ➤ *Nämlich so, wie sie es macht in dieser Situation. (Ich beziehe mich hier auf eine Angabe in einem ihrer letzten Briefe.)*

> –

Ich denke jetzt an nichts.

> ➤ *Im Wörterbuch der deutschen Sprache von Bertelsmann (Wö. d. dt. Spr. v. Be.) hat „denken" an erster Stelle die Bedeutung von „in seinen Gedanken bewegen". – Infolge meiner damaligen Wissenschaftsgläubigkeit dachte ich,*

dass unser gesamtes Denken, Reden und Handeln auf Reaktionsabläufen in unserem Zentralnervensystem beruhe. Ich sah keinen Sinn mehr in meinem Leben und schrieb, einem Schreibdrang folgend, in mein Tagebuch meist nur das, was mir gerade einfiel.

Da kommt eine große Zeit auf mich zu.

> Nämlich, im Textzusammenhang, die Zeit, in der ich lebe. – Im Wö. d. dt. Spr. v. Be. hat „Zeit" an vierter Stelle die Bedeutung von „Epoche, Zeitalter".

Ich schneide sie auf.

> Im Wö. d. dt. Spr. v. Be. hat „aufschneiden" an erster Stelle die Bedeutung von „durch Schneiden öffnen".

In ihrem Bauch finde ich bunte Dinge, an denen ich mich ergötze.

> Synonyme für „Bauch" sind nach dem Duden unter anderem „Innenräume, Inneres". – Im Wö. d. dt. Spr. v. Be. hat „bunt" an zweiter Stelle die Bedeutung von „mannigfaltig, vielgestaltig".

Ein Baustein von unregelmäßiger Form und intensiv roter Farbe bin ich selbst.

> Im Wö. d. dt. Spr. v. Be. hat „unregel-
> mäßig" an erster Stelle die Bedeutung
> von „nicht regelmäßig, von der Regel
> abweichend". – Im gleichen Wörterbuch
> hat „Form" an vierter Stelle die Bedeu-
> tung von „körperlicher und/oder geisti-
> ger Zustand" und an fünfter Stelle von
> „festgelegte Art des Umgangs mit an-
> deren Menschen, Norm des Verhaltens
> innerhalb einer Gesellschaft". – Zu Rot
> schreibt Günter Harnisch unter ande-
> rem: „Die Farbe Rot drückt Leiden-
> schaft, Sinnlichkeit, Feuer und gestei-
> gerte Vitalität aus ..."

Ich werfe ihn gegen die Zeit.

> Das heißt, ich mache ihr Vorwürfe.

Sie nimmt und wirft ihn zurück. Ein verzweifelter Kampf. Meine Arme erlahmen und halten die Wucht der Würfe nicht mehr.

> „Arm und Hand gehören eng zusam-
> men. In der Traumsprache ist der Arm
> die Grundlage des Handelns." (Günter
> Harnisch)

Ich baue einen Turm und viele andere und setze den Stein obenauf.

> Nämlich den Baustein, also mich selbst.
> – „Wie in der Wirklichkeit ermöglichen
> Türme auch als Traumsymbol mehr
> Überblick. Das Erklettern eines Turmes
> deutet daher auf Streben nach Er-
> kenntnis. Der Rundblick von einem
> Turm symbolisiert besseren Weitblick.
> Die genaue Aussage ergibt sich aus dem
> Traumzusammenhang." (Günter Har-
> nisch)

Alles bricht. Ich ordne ihn mit anderen zu ebener Erde,

> Ich ordne ihn mit anderen Bausteinen
> zu ebener Erde

doch er stößt, und sie alle stoßen sich

> „Jemanden stoßen" bedeutet nach dem
> Wö. d. dt. Spr. v. Be. „jemandem einen
> Stoß geben, jemanden heftig an einer
> Stelle treffen", zum Beispiel „jemanden
> mit dem Fuß, mit dem Ellenbogen sto-
> ßen".

und verletzen das Bild der bunten Harmonie. Da bitte ich die große Zeit zu trinken, sinnlos zu trinken. Und …

Siehe!

… in vergnüglichem Taumel beginnen die vielen Dinge zu tanzen, und ihre Stöße werden weich und federnd und tun nicht weh.

… in vergnüglichem Taumel beginnen die vielen

Französische Radio-Atmosphäre. Stimmen, Stimmen, unverständlich, aber ausdrucksvoll, überzeugend, menschliche Atmosphäre im Schrei, in der Wut, in traurig-schöner Anbetung von Geringfügigkeiten, voll Geheimnis, ein ins Märchenhafte übertragenes Empfinden, das sich gleichstellt mit allem und die Welt und den Menschen fantasievoll ausmalt.

Es ist dumm! Was ist dumm? Das ist dumm. Oh, es ist dumm, ja, Heinz, es ist so dumm, dass du dumm bist, dumm warst und dumm bleiben wirst. Denn dumm ist alles, was du schreibst, dumm wie ein kleines Kind und dumm, ja, dumm, so dumm, Heinz, wie die Dummheit selbst.

Ich habe eben entschlossen das Anatomiebuch weggelegt, weil in meinen dummen, ach wie dummen Kopf nichts mehr hineinwollte. Wie dumm! Denn morgen muss ich beweisen, dass ich doch nicht ganz dumm bin oder nicht so dumm, um nicht, denn das ist wahnsinnig wichtig, eine dumme Abgabe dumm bestehen zu können. Das ist ja alles so dumm! So saudumm!

Meine Seele habe ich eben vor mich auf den Tisch gestellt: der große Schrei, die große Leistung, unerreicht in ihrer Zerrissenheit. Sie hat ein offenes Maul, eine spitze und krumme Nase, ein zerfetztes Gesicht, dem die zarte Haut und die Frische des Blutes fehlen. Eine Seele von bedeutendem Alter, viel zu alt für einen menschlichen Ausdruck. Dann, oh ja, den Schmerz hätte ich beinahe vergessen, verleidet mir der Ischiadicus jede Sekunde der letzten Tage, sodass ich vor Kummer den M. depressor anguli oris unerhört strapaziere (an dieser Stelle ist in Klammern ein Gesicht mit herabgezogenen Mundwinkeln abgebildet.) Das ist er und das der andere (☹) mit seinem lateinischen Namen: M. zygomaticus major.

Es ist nicht kalt hier, nein, es ist warm, obwohl jeder Grund dafür fehlt: der Ofen ist, ja, er ist nämlich aus. Gezwungenermaßen, freilich mit Stolz und geblähten Backen (M. buccinatorius), glaube ich also an eine innere Wärme. Oder macht das der viele Malzkaffee, den ich immer des Abends bekomme? Denn der soll ja gesund sein, wie ich hörte – und was gesund ist, das wärmt, klarer Fall!! Also, eine Alternative: Kaffee oder innere, angeborene Wärme. Wenn das Letztere stimmen sollte, dann, Heinz, du bist so dumm, zu dumm, dann wird es Zeit, dass sie mal allmählich abgelassen wird oder – wie heißt es, ausgeschüttet wird, denn die Wärme kommt aus der Welt und muss in diese zurück. Wer ist meine Welt, wer, wer, – ich weiß – und doch schrei ich weiter: wer, wer, wer … Nun, diese drei letzten „Wers" sollen genügen. Man soll ja nicht übertreiben.

Das Buch geht zur Neige, ich bin in einer Stimmung, die ich bestimmt nicht beschreiben kann. Dazu nämlich fehlen meinem geringen Wortschatz (zur Entschuldigung gesagt, er hat den dritten Weltkrieg hinter sich) allzu viele, und besonders, wesentliche Feinheiten, aber auch Grobheiten wie danke schön, bitte schön, wie unangenehm, keine Ursache, aber sicher, sicher, oh, es würde mir ein Vergnügen sein, oder gar: aber selbstverständlich, gnädige Frau, ich stehe immer zu Ihren Diensten, verfügen sie über mich. Das Fehlen von solchen Grobheiten, die jedes Kind in der Schule lernt, macht mich so arm, so gesellschaftsunfähig, dass ich oft darüber, über die traurige, aber nicht zu ändernde Tatsache, herzzerbrechend weine. Oh, ich weine gern! Damit hätte ich, wenn mir nicht gerade ein riesiger Fehler unterlaufen ist, wie so oft, kurz meine zukünftige Bildungstendenz umrissen. Die Konsequenz: aus einem Bösewicht wird ein lieber Wicht, Heinz, was bist du doch dumm.

Und wenn diese Grobheiten dann zu festem Besitz meines Vokabulars geworden sind, werde ich mich an die Feinheiten machen. Ei, das wird fein, das mit den Feinheiten – nur, Pardon, ein schrecklicher Gedanke, eine furchtbare Zukunft, was ist das? Ich sage ein Wort, ohne zu wissen, was es bedeutet. Habe ich die Bedeutung vergessen? Diese Vergesslichkeit. Ich werde im Duden nachschlagen müssen oder – Moment, ich versuche die Ableitung des Wortes selbst. Feinheit ist das, was nicht Grobheit ist, es ist die Charakterisierung, furchtbar das Wort, von sinnmäßig erfassbaren Dingen, von Gegenständen (materiellen Dingen) und solchen erfassbaren Dingen, denen man, oder zumindest gewisse Kreise, eine immaterielle Herkunft und Seinsform zuschreiben. Heinz, du wirst wieder mal philosophisch, muss das sein? Und diese Dinge besitzen eine Form, eine grobe und eine feine, das heißt, zuerst eine grobe, die der Mensch verfeinern kann. Aha. Also muss ich, nachdem die Grobheiten der Welt mein eigen sind, sie in zierliche Formen zwängen, sie klein und rein machen und sie ausschmücken mit fantasievollen Bildern und Vorstellungen eines schön denkenden Geistes. Hässlich! Ich glaube, ich komme niemals über die Grobheiten hinaus, denn dann stoße ich wieder auf Geist, an dem ich bestimmt nicht einen so großen Überfluss habe, um ihn auf solche Ambitionen ausschütten zu können. Es langt vielleicht gerade für die Medizin, für den Kinderarzt. Also werde ich nach dem Erwerb der Grobheiten ein großes Stopp in mein Leben schreiben und weinen, endlos weinen über diese Unterentwicklung, dieses Nicht-vollenden-können, weinen über das schuldlos unfertige Leben.

Es ist das letzte Blatt eines unscheinbaren Buches. Der Kugelschreiber wurde leer. Das, was sich jetzt hier schwarz auf weiß dokumentiert, stammt aus dem oder der – Lyra-Document, die sicher auch nichts dafür kann. Aber gemusst ist gemusst, wenn auch zweckentfremdet.

Morgen werde ich Heimatluft, heimatliche Nachtluft anfahren. Die Straßen, die Dunkelheit, die Stille sind immer ein neues Erlebnis, oh, relativ. Dieser Kugelschreiber tut, was will er.

Es ist 23:15 Uhr. Ich werde schlafen gehen. Der Tag ist dahin in leerer Verzweiflung wie alle anderen, das komplexe Leben um 24 Stunden verkürzt. Eine Feststellung, mehr nicht. Hat es Zweck, sich zu verbittern?! Selbst ist der Mann; und wenn es heißt, Erfolg, dann muss man zu ihm hin und nicht umgekehrt.

Aufgliederung des Textes

Französische Radio-Atmosphäre: Stimmen, Stimmen, unverständlich, aber ausdrucksvoll, überzeugend. Menschliche Atmosphäre im Schrei, in der Wut, in traurig-schöner Anbetung von Geringfügigkeiten, voll Geheimnis, ein ins

Märchenhafte übertragenes Empfinden, das sich gleichstellt mit allem und die Welt und den Menschen fantasievoll ausmalt.

Es ist dumm!

Was ist dumm?

Das ist dumm!

Oh, es ist dumm?

Ja, Heinz, es ist so dumm, dass du dumm bist, dumm warst und dumm bleiben wirst! Denn dumm ist alles, was du schreibst, dumm wie ein kleines Kind und dumm, ja dumm, so dumm, Heinz, wie die Dummheit selbst!

Ich habe eben entschlossen das Anatomiebuch weggelegt, weil in meinen dummen, ach wie dummen Kopf nichts mehr hineinwollte. Wie dumm! Denn morgen muss ich beweisen, dass ich doch nicht ganz dumm bin oder nicht so dumm, um nicht, denn das ist wahnsinnig wichtig, eine dumme Abgabe dumm bestehen zu können. Das ist ja alles so dumm, so saudumm!

Meine Seele habe ich eben vor mich auf den Tisch gestellt: der große Schrei, die große Leistung, unerreicht in ihrer Zerrissenheit. Sie hat ein offenes Maul, eine spitze und krumme Nase, ein zerfetztes Gesicht, dem die zarte Haut und die Frische des Blutes fehlen.

Eine Seele von bedeutendem Alter, viel zu alt für einen menschlichen Ausdruck!

Dann ...

Oh ja!

... – den Schmerz hätte ich beinahe vergessen – verleidet mir der Ischiadicus jede Sekunde der letzten Tage, sodass ich vor Kummer den M. depressor anguli oris unerhört strapaziere (☹). Das ist er und das der andere (☺) mit seinem lateinischen Namen: M. zygomaticus major.

Es ist nicht kalt hier, nein, es ist warm, obwohl jeder Grund dafür fehlt: der Ofen ist ...,

Ja!

... er ist nämlich aus. Gezwungenermaßen, freilich mit Stolz und geblähten Backen (M. buccinatorius), glaube ich also an eine innere Wärme. Oder macht das der viele Malzkaffee, den ich immer des Abends bekomme? Denn der soll ja gesund sein, wie ich hörte – und was gesund ist, das wärmt, klarer Fall!! Also, eine Alternative: Kaffee oder innere, angeborene Wärme. Wenn das Letztere stimmen sollte, dann …

Heinz, du bist so dumm, zu dumm!

… dann wird es Zeit, dass sie mal allmählich abgelassen oder – wie heißt es – ausgeschüttet wird, denn die Wärme kommt aus der Welt und muss in diese zurück. Wer aber ist meine Welt, wer, wer? – Ich weiß – und doch schrei ich weiter: wer, wer, wer …?

Nun, diese drei letzten „Wers" sollen genügen! Man soll ja nicht übertreiben!

Das Buch geht zur Neige. Ich bin in einer Stimmung, die ich bestimmt nicht beschreiben kann. Dazu nämlich fehlen meinem geringen Wortschatz …

Zur Entschuldigung sei gesagt, er hat den <u>dritten</u> Weltkrieg hinter sich.

… allzu viele und besonders wesentliche Feinheiten, aber auch Grobheiten wie „danke schön", „bitte schön", „wie unangenehm", „keine Ursache", „aber sicher, sicher", „oh, es würde mir ein Vergnügen sein" oder gar: „aber selbstverständlich, gnädige Frau, ich stehe immer zu Ihren Diensten, verfügen Sie über mich". Das Fehlen von solchen Grobheiten, die jedes Kind in der Schule lernt, macht mich so arm, so gesellschaftsunfähig, dass ich oft darüber, über diese traurige, aber nicht zu ändernde Tatsache, herzzerbrechend weine ...

Oh!

Ich weine gern! – Damit hätte ich, wenn mir nicht gerade ein riesiger Fehler unterlaufen ist, wie so oft, kurz meine zukünftige Bildungstendenz umrissen. Die Konsequenz: Aus einem Bösewicht wird ein lieber Wicht.

Heinz, was bist du doch dumm!

Und wenn diese Grobheiten dann zum festen Besitz meines Vokabulars geworden sind, werde ich mich an die Feinheiten machen. Ei, das wird fein, das mit den Feinheiten – nur, Pardon, ein schrecklicher Gedanke, eine furchtbare Zukunft!

Was ist das?

Ich sage ein Wort, ohne zu wissen, was es bedeutet. Habe ich die Bedeutung vergessen? Diese Vergesslichkeit! Ich werde im Duden nachschlagen müssen oder – Moment, ich versuche die

Ableitung des Wortes selbst. Feinheit ist das, was nicht Grobheit ist. Es ist die Charakterisierung – furchtbar das Wort – von sinnmäßig erfassbaren Dingen, von Gegenständen (materiellen Dingen) und solchen erfassbaren Dingen, denen man – oder zumindest gewisse Kreise – eine immaterielle Herkunft und Seinsform zuschreiben.

Heinz, du wirst wieder mal philosophisch! Muss das sein?

Und diese Dinge besitzen eine Form, eine grobe und eine feine, das heißt, zuerst eine grobe, die der Mensch verfeinern kann.

Aha!

Also muss ich, nachdem die Grobheiten der Welt mein eigen sind, sie in zierliche Formen zwängen, sie klein und rein machen und sie ausschmücken mit fantasievollen Bildern und Vorstellungen eines schöndenkenden Geistes.

Hässlich!

Ich glaube, ich komme niemals über die Grobheiten hinaus, denn dann stoße ich wieder auf Geist, an dem ich bestimmt nicht einen so großen Überfluss habe, um ihn auf solche Ambitionen ausschütten zu können. Es langt vielleicht gerade für die Medizin, für den Kinderarzt. Also werde ich nach dem Erwerb der Grobheiten ein großes Stopp in mein Leben schreiben und weinen, endlos weinen über diese Unterentwicklung, dieses Nicht-vollenden-können, weinen über das schuldlos unfertige Leben.

Es ist das letzte Blatt eines unscheinbaren Buches. Der Kugelschreiber wurde leer. Das, was sich jetzt hier schwarz auf weiß dokumentiert, stammt aus dem oder der „– Lyra – Document", die sicher auch nichts dafür kann. Aber gemusst ist gemusst, wenn auch zweckentfremdet.

Morgen werde ich Heimatluft, heimatliche Nachtluft anfahren. Die Straßen, die Dunkelheit, die Stille sind immer ein neues Erlebnis.

Oh!

Relativ. Dieser Kugelschreiber tut, was er will.

Es ist 23:15 Uhr. Ich werde schlafen gehen. Der Tag ist dahin in leerer Verzweiflung, wie alle anderen, das komplexe Leben um 24 Stunden verkürzt – eine Feststellung, mehr nicht.

Hat es Zweck, sich zu verbittern?! Selbst ist der Mann; und wenn es heißt, Erfolg, dann muss man zu ihm hin und nicht umgekehrt!

<u>Deutung</u>
  ➢ Tagebucheintrag überwiegend inspiriert.

Französische Radio-Atmosphäre: Stimmen, Stimmen, unverständlich, aber ausdrucksvoll, überzeugend. Menschliche Atmosphäre im Schrei, in der Wut, in traurig-schöner Anbetung von Geringfügigkeiten, voll Geheimnis, ein ins Märchenhafte übertragenes Empfinden, das sich gleichstellt mit allem und die Welt und den Menschen fantasievoll ausmalt.

Es ist dumm!

Was ist dumm?

Das ist dumm!

Oh, es ist dumm?

Ja, Heinz, es ist so dumm, dass du dumm bist, dumm warst und dumm bleiben wirst! Denn dumm ist alles, was du schreibst, dumm wie ein

190

kleines Kind und dumm, ja dumm, so dumm, Heinz, wie die Dummheit selbst!

Ich habe eben entschlossen das Anatomiebuch weggelegt, weil in meinen dummen, ach wie dummen Kopf nichts mehr hineinwollte. Wie dumm! Denn morgen muss ich beweisen, dass ich doch nicht ganz dumm bin oder nicht so dumm, um nicht, denn das ist wahnsinnig wichtig, eine dumme Abgabe dumm bestehen zu können. Das ist ja alles so dumm, so saudumm!

Meine Seele habe ich eben vor mich auf den Tisch gestellt: der große Schrei,

> In Verbindung mit meinem Tagebucheintrag vom 27. November wohl eine von mir geformte Plastik.

die große Leistung, unerreicht in ihrer Zerrissenheit. Sie hat ein offenes Maul, eine spitze und krumme Nase, ein zerfetztes Gesicht, dem die zarte Haut und die Frische des Blutes fehlen.

Eine Seele von bedeutendem Alter, viel zu alt für einen menschlichen Ausdruck!

Dann ...

Oh ja!

... – den Schmerz hätte ich beinahe vergessen –
verleidet mir der Ischiadicus

> *Nämlich der Nervus ischiadicus, mein Ischiasnerv*

jede Sekunde der letzten Tage, sodass ich vor Kummer den M. depressor anguli oris unerhört strapaziere (☹). Das ist er und das der andere (☺) mit seinem lateinischen Namen: M. zygomaticus major.

Es ist nicht kalt hier, nein, es ist warm, obwohl jeder Grund dafür fehlt: der Ofen ist ...

Ja!

... er ist nämlich aus.

> *„Der Ofen stellt im Traum den Bereich der Gefühlswärme dar. Ist der Ofen kalt, so fehlt es an emotionaler Wärme im Haus. Dieses Traumbild ist als Information über Probleme in der Partnerschaft zu verstehen."* (Günter Harnisch)

Gezwungenermaßen, freilich mit Stolz und geblähten Backen (M. buccinatorius), glaube ich also an eine innere Wärme. Oder macht das der viele Malzkaffee, den ich immer des Abends bekomme? Denn der soll ja gesund sein, wie ich hörte – und was gesund ist, das wärmt, klarer Fall!! Also, eine Alternative: Kaffee oder innere, angeborene Wärme. Wenn das Letztere stimmen sollte, dann …

Heinz, du bist so dumm, zu dumm!

… dann wird es Zeit, dass sie mal allmählich abgelassen oder – wie heißt es – ausgeschüttet wird, denn die Wärme kommt aus der Welt und muss in diese zurück. Wer aber ist meine Welt, wer, wer? – Ich weiß –

    ➢ *Wahrscheinlich dachte ich dabei an G.* und doch schrei ich weiter: wer, wer, wer …?

Nun, diese drei letzten „Wers" sollen genügen! Man soll ja nicht übertreiben!

Das Buch geht zur Neige. Ich bin in einer Stimmung, die ich bestimmt nicht beschreiben kann. Dazu nämlich fehlen meinem geringen Wortschatz …

Zur Entschuldigung sei gesagt, er hat den <u>dritten</u> Weltkrieg hinter sich.

    ➢ *Dieser Kommentar steht im Tagebuch in Klammern und ist wohl in Verbindung zu bringen mit meiner letzten*

... allzu viele und besonders wesentliche Feinheiten, aber auch Grobheiten wie „danke schön", „bitte schön", „wie unangenehm", „keine Ursache", „aber sicher, sicher", „oh, es würde mir ein Vergnügen sein" oder gar: „aber selbstverständlich, gnädige Frau, ich stehe immer zu Ihren Diensten, verfügen Sie über mich". Das Fehlen von solchen Grobheiten, die jedes Kind in der Schule lernt, macht mich so arm, so gesellschaftsunfähig, dass ich oft darüber, über diese traurige, aber nicht zu ändernde Tatsache, herzzerbrechend weine ...

Oh!

Ich weine gern! – Damit hätte ich, wenn mir nicht gerade ein riesiger Fehler unterlaufen ist,

> ➢ Denn „herzzerbrechend weine" steht im Widerspruch zu meiner gerade gemachten Aussage, für die Beschreibung mei-

ner Stimmungen keinen ausreichenden Wortschatz zu haben. – „Das Herz ist das Symbol für körperliche Lebensenergie, aber auch für Liebe, für Gefühlsfähigkeit. Nach der Symbolik des Mittelalters war das Herz das Bild der Sonne im Menschen. Auch dieses Bild weist deutlich auf die Bedeutung dieses Organs für die Versorgung mit Lebensenergie hin …" (Günter Harnisch)

wie so oft, kurz meine zukünftige Bildungstendenz umrissen. Die Konsequenz: Aus einem Bösewicht wird ein lieber Wicht.

Heinz, was bist du doch dumm!

Und wenn diese Grobheiten dann zum festen Besitz meines Vokabulars geworden sind, werde ich mich an die Feinheiten machen. Ei, das wird fein, das mit den Feinheiten – nur, Pardon, ein schrecklicher Gedanke, eine furchtbare Zukunft!

Was ist das?

Ich sage ein Wort, ohne zu wissen, was es bedeutet. Habe ich die Bedeutung vergessen? Diese Vergesslichkeit! Ich werde im Duden nachschlagen müssen

> Nämlich 50 Jahre später bei der Interpretation dieser Tagebuchtexte.

oder – Moment, ich versuche die Ableitung des Wortes selbst. Feinheit ist das, was nicht Grobheit ist. Es ist die Charakterisierung – furchtbar das Wort –

> Nämlich das Wort „Charakterisierung".

von sinnmäßig erfassbaren Dingen, von Gegenständen (materiellen Dingen) und solchen erfassbaren Dingen, denen man – oder zumindest gewisse Kreise – eine immaterielle Herkunft und Seinsform zuschreiben.

Heinz, du wirst wieder mal philosophisch! Muss das sein?

Und diese Dinge besitzen eine Form, eine grobe und eine feine, das heißt, zuerst eine grobe, die der Mensch verfeinern kann.

Aha!

Also muss ich, nachdem die Grobheiten der Welt mein eigen sind, sie in zierliche Formen zwängen, sie klein und rein machen und sie ausschmücken mit fantasievollen Bildern und Vorstellungen eines schöndenkenden Geistes.

> Der nach meiner damaligen Weltan-
> schauung auf einer Tätigkeit unseres
> Gehirns beruhte.

Hässlich!

Ich glaube, ich komme niemals über die Grobheiten hinaus, denn dann stoße ich wieder auf
Geist, an dem ich bestimmt nicht einen so großen Überfluss habe, um ihn auf solche Ambitionen ausschütten zu können. Es langt vielleicht
gerade für die Medizin, für den Kinderarzt. Also
werde ich nach dem Erwerb der Grobheiten ein
großes Stopp in mein Leben schreiben und weinen, endlos weinen über diese Unterentwicklung, dieses Nicht-vollenden-können, weinen
über das schuldlos unfertige Leben.

Es ist das letzte Blatt eines unscheinbaren Buches. Der Kugelschreiber wurde leer. Das, was
sich jetzt hier schwarz auf weiß dokumentiert,
stammt aus dem oder der „– Lyra – Document",
die sicher auch nichts dafür kann. Aber gemusst
ist gemusst, wenn auch zweckentfremdet.

> „–Lyra– Document" war der Name des
> Kugelschreibers. Diesen Namen verband
> ich wohl mit einem lyrischen Dokument.

Da letzteres einen Ausfluss der Seele darstellt und eine Seele für mich nicht existierte, passte das vom Kugelschreiber Geschriebene nicht zu seinem Namen. Ich verwendete den Kugelschreiber also – so dachte ich damals – gewissermaßen zweckentfremdet.

Morgen werde ich Heimatluft, heimatliche Nachtluft anfahren.

> Nämlich bei meiner Heimfahrt vom Studienort nach Hause.

Die Straßen, die Dunkelheit, die Stille sind immer ein neues Erlebnis.

Oh!

> Denn „Straßen oder Wege erscheinen im Traum als Symbole des Lebenswegs …" (Günter Harnisch). Und „Was im Dunkel liegt, kann man nicht durchschauen und nicht begreifen. Damit sind Gedanken, Gefühle und Handlungen gemeint. Als Traumbild weist die Dunkelheit meist auf Verständnislosigkeit, Unwissenheit, das Unbewusste, Angst,

Alter und Tod hin. Dieses Bild stellt oft unklare Ahnungen und Gefühle dar, Zweifel und Ungewissheit ..." (Günter Harnisch)

Relativ.

> Im Wörterbuch der deutschen Sprache von Bertelsmann (Wö. d. dt. Spr. v. Be.) hat „relativ" an erster Stelle die Bedeutung von „auf etwas bezogen, im Verhältnis zu etwas stehend".

Dieser Kugelschreiber tut, was er will.

> Zu beziehen auf das „Oh!", welches eher nicht in meinen Gedankengang hineinpasste. – „Seit alten Zeiten ist die Kugel ein Symbol für Vollständigkeit und Ganzheit. Ihre Traumbedeutung ist stets positiv. Die Kugel und alle kugelförmigen Gebilde im Traum stellen eine psychische Dynamik dar, die sich auf ein gemeinsames Zentrum hin orientiert. So kann sich das Streben der Psyche nach einer Vereinigung von Gegensätzen im Leben und nach Herstellung des psychischen Gleichgewichtes in der

Traumsprache ausdrücken." (Günter Harnisch)

Es ist 23:15 Uhr. Ich werde schlafen gehen. Der Tag ist dahin in leerer Verzweiflung, wie alle anderen, das komplexe Leben um 24 Stunden verkürzt – eine Feststellung, mehr nicht.

Hat es Zweck, sich zu verbittern?! Selbst ist der Mann; und wenn es heißt, Erfolg, dann muss man zu ihm hin, und nicht umgekehrt!

<u>9. Dezember 1960</u>

Einen Tag vor dem 10ten. Hat niemand den Hund gesehen? Wenn nein, was ist das: Ist schwarz, innen grün und fährt auf acht Rädern? Schön, nicht?! Klasse! Am Zaun steht Jesus und dreht die Daumen. Ein Bild für die Götter – oder? Keine Einwände, Spinat macht eben das Innere grün, auch das von Negern, wo mag nur Lumumba sein, mein Lumumba, ach, mein kleiner Lumumba, süßes kleines Lumumbachen, warum weinst du? Und auf acht Rädern? – Bildungslücke – Rollschuhe für die aufstrebende schwarze Rasse. Schließlich sind wir auch auf den Arsch gefallen. Oh, mein Gott, das tut heute noch weh.

Nun, auch der Ernst soll nicht zu kurz kommen, und in seinem Rahmen erwähne ich, dass heute für eine mehr oder weniger kurze oder lange Zeit vier neue Müskelchen in meinen Grips einzogen. Was ich dafür vergessen habe, kann ich nicht sagen, wen rührt's! Es sind eigentlich viel mehr Mm., doch unter vier Namen zu behalten, nämlich (ich bin sehr stolz) die Mm. interspinales cervicis, der M. rectus capitis posterior major et minor und der, ein blödes Wetter heute, ich habe eben zum ersten Mal nach langer Zeit wieder ein Vollbad genommen, der M. obliquus capitis inferior. Zu Letzterem gibt es aber noch einen superior oder einfach M. obliquus capitis, der vom QF des Atlas zum Os occipitale zieht. Alles zieht – und ich? – meist den Kürzeren. Wie schade. Es zieht von vorn, von hinten, und die Bundesbahn hat immer noch ein Defizit. Wie ist das nur möglich? Ich werde mich jetzt noch einmal in die Wissenschaft stürzen. Es ist bald 24:00 Uhr, unerhört!

Keine besonderen Vorkommnisse heute. Schickte ein Paket weg mit vierseitiger Adresse und komischem Inhalt für eine lieb-schmerzlich-komische Empfängerin. Was macht sie nur? Der Riss wurde vergrößert und beigeschnitten. Die Plastik war unfertig.

Aufgliederung des Textes

Ein Tag vor dem 10ten. – Hat niemand den Hund gesehen? Wenn nein, was ist das: Ist schwarz, innen grün und fährt auf acht Rädern? – Schön, nicht?!

Klasse!

Am Zaun steht Jesus und dreht die Daumen. Ein Bild für die Götter – oder?

Keine Einwände!

Spinat macht eben das Innere grün, auch das von Negern! – Wo mag nur Lumumba sein, mein Lumumba, ach, mein kleiner Lumumba. Süßes kleines Lumumba'chen, warum weinst du?

Und auf acht Rädern?

Bildungslücke?! – Rollschuhe für die aufstrebende schwarze Rasse! Schließlich sind wir auch auf den Arsch gefallen. Oh mein Gott, das tut heute noch weh!

Nun, auch der Ernst soll nicht zu kurz kommen. Und in seinem Rahmen erwähne ich, dass heute für eine mehr oder weniger kurze oder lange Zeit vier neue Müskelchen in meinen Grips einzogen. Was ich dafür vergessen habe, kann ich nicht sagen. Wen rührt's?! Es sind eigentlich viel mehr Mm., doch unter vier Namen zu behalten, nämlich (ich bin sehr stolz) die Mm. interspinales cervicis, der M. rectus capitis posterior major et minor und der – ein blödes Wetter heute, ich habe eben zum ersten Mal nach langer Zeit wieder ein Vollbad genommen – der M. obliquus capitis inferior. Zu letzterem gibt es aber noch einen superior, oder einfach M. obliquus capitis, der vom QF des Atlas zum Os occipitale zieht. Alles zieht – und ich? – meist den Kürzeren!

Wie schade!

Es zieht von vorn, von hinten, und die Bundesbahn hat immer noch ein Defizit!

Wie ist das nur möglich?

Ich werde mich jetzt noch einmal in die Wissenschaft stürzen. Es ist bald 24:00 Uhr.

Unerhört!

–

Keine besonderen Vorkommnisse heute. Schickte
ein Paket weg mit vierseitiger Adresse und komischem Inhalt für eine lieb-schmerzlich-komische
Empfängerin. – Was macht sie nur? – Der Riss
wurde vergrößert und beigeschnitten. Die Plastik
war unfertig.

Deutung
   ➢ Tagebucheintrag überwiegend inspiriert.

Ein Tag vor dem 10ten. –
   ➢ Nämlich vor dem 10. Dezember
Hat niemand den Hund gesehen?

> „Tiere verkörpern im Traum die Natur-
seite des Menschen. Sie vertreten
gleichsam die Instinkte und Ahnungen.
Menschliche Eigenschaften werden in
Sprache und Literatur – in den Fabeln
und Comics – durch Tiere und Tierverhaltensweisen dargestellt ..." (Günter
Harnisch). – „Der Hund kommt im
Traum in zweifacher Symbolbedeutung
vor: Er gilt als Wächter für den Besitz
des Menschen, als Schutz gegen Angriffe
und als treuer Freund. Er kann aber
auch Symbol für Aggressionen darstellen." (Günter Harnisch)

Wenn nein, was ist das: Ist schwarz, innen grün
und fährt auf acht Rädern? – Schön, nicht?!

Klasse!

Am Zaun steht Jesus und dreht die Daumen.

> Das heißt wohl, Jesus ist Zaungast. –
„(Die) Daumen drehen" bedeutet nach
dem Wörterbuch der deutschen Sprache
von Bertelsmann (Wö. d. dt. Spr. v. Be.)
„nichts tun, nichts arbeiten". – Zu

„Daumen" schreibt Georg Fink unter anderem: „Von Freud als Symbol sexueller Triebhaftigkeit bezeichnet ..." – Im Wö. d. dt. Spr. v. Be. hat „drehen" an vierter Stelle die Bedeutung von „in eine andere Richtung bringen".

Ein Bild für die Götter –

> „Ein Bild für die Götter" hat im Redensarten-Index die Bedeutungen von „ein herrlicher Anblick; komisch; grotesk; schön anzuschauen".

oder?

Keine Einwände!

Spinat macht eben das Innere grün, auch das von Negern! –

> Bezüglich „von Negern" bitte ich nachträglich um Entschuldigung.

Wo mag nur Lumumba sein, mein Lumumba, ach, mein kleiner Lumumba. Süßes kleines Lumumba'chen, warum weinst du?

> Lumumba setzte sich ein für die Befreiung des Kongo aus der Kolonialherrschaft und wurde 1961 von seinen Gegnern gefoltert und ermordet. Die

Umstände seines Todes wurden lange Zeit verheimlicht.

Und auf acht Rädern?

Bildungslücke?! – Rollschuhe für die aufstrebende schwarze Rasse!

> „Allgemein deutet der Schuh auf die geistige oder seelische Einstellung des Träumenden hin. Der Schuh zeigt dessen Standort an. Zu beachten sind bei der Deutung der Zustand der Schuhe und ihre Eignung für den jeweiligen Zweck, der sich aus dem Traumzusammenhang erkennen lässt." (Günter Harnisch)

Schließlich sind wir auch auf den Arsch gefallen. Oh mein Gott, das tut heute noch weh!

Nun, auch der Ernst soll nicht zu kurz kommen. Und in seinem Rahmen erwähne ich, dass heute für eine mehr oder weniger kurze oder lange Zeit vier neue Müskelchen in meinen Grips einzogen. Was ich dafür vergessen habe, kann ich nicht sagen. Wen rührt's?! Es sind eigentlich viel mehr Mm.,

> „Mm." ist die Abkürzung des lateini-
> schen Wortes Musculi, auf Deutsch Mus-
> keln.

doch unter vier Namen zu behalten, nämlich (ich bin sehr stolz) die Mm. interspinales cervicis, der M. rectus capitis posterior major et minor und der – ein blödes Wetter heute, ich habe eben zum ersten Mal nach langer Zeit wieder ein Vollbad genommen – der M. obliquus capitis inferior. Zu letzterem gibt es aber noch einen superior, oder einfach M. obliquus capitis, der vom QF des Atlas zum Os occipitale zieht. Alles zieht – und ich? – meist den Kürzeren!

Wie schade!

Es zieht von vorn, von hinten, und die Bundesbahn hat immer noch ein Defizit!

Wie ist das nur möglich?

Ich werde mich jetzt noch einmal in die Wissenschaft stürzen. Es ist bald 24:00 Uhr.

Unerhört!

–

Keine besonderen Vorkommnisse heute. Schickte ein Paket weg mit vierseitiger Adresse und komischem Inhalt für eine lieb-schmerzlich-komische Empfängerin. – Was macht sie nur? – Der Riss wurde vergrößert und beigeschnitten.

➢ *Gemeint ist der Riss in der Plastik.* Die Plastik war unfertig.

Gestern Abend kurzentschlossen nach Krefeld abgefahren, um nicht in Langeweile ersticken zu müssen. Die Fahrt war furchtbar anstrengend. Bis bei Kaufmann in Düsseldorf reichte der Sprit. Ich lieh mir fünf Mark und fuhr weiter nach Krefeld, wo ich gegen 24:00 Uhr vollkommen verausgabt ankam. Ich lag bis 4:00 Uhr morgens wach im Bett, Ch.U. versuchte zu arbeiten. Die physiologische Chemie ist ungemein interessanter als das sture Auswendiglernen anatomischer Selbstverständlichkeiten, die ein Mediziner eben wissen muss. In der physiologischen Chemie lernte ich die Formeln der Steranfamilie, unter anderem Oestran und Androstan als weibliches und männliches Sexualhormon.

(Hier stehen im Tagebuch die molekularen Gerüste der beiden chemischen Formeln)

Wie aufregend!

Seit gestern ist mein Puls schneller geworden. Herzbeschwerden und Schlaflosigkeit sind Begleiterscheinungen, die sich bestimmt unangenehm auswirken.

Ich bin eigentlich müde. Der Versuch einer schizophrenen Kunst scheint mir im Augenblick so nebensächlich und gegenstandslos. Doch der Drang zur Produktion ist stärker.

Auf dem Tisch neben der Logik hat ein Kutscher sein Pferd geschlagen. Wenn auch im Allgemeinen die Notwendigkeit das Pferd nicht geschlagen hätte, ich kotze mit langem Hals auf die Zeit, wären meine Nachbarn im Kauf eines neuen Fernsehgerätes extrem vorsichtig, wenn nicht gar misstrauisch gewesen. Aber so etwas erlebt man. Die Menschen gehen vorüber und gedenken der verurteilten Ewigkeit, verschlucken sich beim Frühstück. Hält man das für möglich. Gewiss sind kritische Stimmen da, die das Deutschlandlied singen und Gurkensamen aussäen. Die Stimmen? Oh nein. Das wäre ein betrübliches Maß an Demenz, das wir uns noch nicht leisten können. Ich hörte gestern von einem unsinnigen Unternehmen. Die Schwimmer starteten mit Bauchschmerzen. Sowas! Ich werde immer müder. Mitternacht ist noch sehr weit, meine Pfeife gerade an. Ich werde mich jetzt mit meinem Brüderchen erneut auf die Muskulatur schmeißen. Vielleicht kommt was bei rum.

Ja, es kam, aber heute ist schon der 13.12., dem eine besondere Seite gewidmet sei.

Gestern Abend kurz entschlossen nach Krefeld abgefahren, um nicht in Langeweile ersticken zu müssen. Die Fahrt war furchtbar anstrengend. Bis bei K. in Düsseldorf reichte der Sprit. Ich lieh mir fünf Mark und fuhr weiter nach Krefeld, wo ich gegen 24:00 Uhr vollkommen verausgabt ankam. Ich lag bis 4:00 Uhr morgens wach im Bett, Ch.U. versuchte zu arbeiten. Die physiologische Chemie ist ungemein interessanter als das sture Auswendiglernen anatomischer Selbstverständlichkeiten, die ein Mediziner eben wissen muss. In der physiologischen Chemie lernte ich die Formeln der Steranfamilie, unter anderem Oestran und Androstan als weibliches und männliches Sexualhormon.

(Hier stehen im Tagebuch die molekularen Gerüste der beiden chemischen Formeln)

Wie aufregend!

Seit gestern ist mein Puls schneller geworden. Herzbeschwerden und Schlaflosigkeit sind Begleiterscheinungen, die sich bestimmt unangenehm auswirken.

Ich bin eigentlich müde. Der Versuch einer schizophrenen Kunst scheint mir im Augenblick so nebensächlich und gegenstandslos. Doch der Drang zur Produktion ist stärker.

Auf dem Tisch, neben der Logik, hat ein Kutscher sein Pferd geschlagen. Wenn auch im Allgemeinen die Notwendigkeit das Pferd nicht geschlagen hätte – ich kotze mit langem Hals auf die Zeit – wären meine Nachbarn im Kauf eines neuen Fernsehgerätes extrem vorsichtig, wenn nicht gar misstrauisch gewesen. Aber so etwas erlebt man. Die Menschen gehen vorüber und gedenken der verurteilten Ewigkeit, verschlucken sich beim Frühstück.

Hält man das für möglich?

Gewiss sind kritische Stimmen da, die das Deutschlandlied singen und Gurkensamen aussäen.

Die Stimmen?

Oh nein! Das wäre ein betrübliches Maß an Demenz, das wir uns noch nicht leisten können. Ich hörte gestern von einem unsinnigen Unternehmen. Die Schwimmer starteten mit Bauchschmerzen.

So was!

Ich werde immer müder. Mitternacht ist noch sehr weit, meine Pfeife gerade an. Ich werde mich jetzt mit meinem Brüderchen erneut auf die Muskulatur schmeißen. Vielleicht kommt was bei rum.

<u>Deutung</u>
> ➢ Teile des Textes nach den chemischen Formeln sind sicher inspirativ entstanden, vor allem das fett Geschriebene und der Absatz, der eine schizophrene Gedankenfolge darstellen sollte.

Gestern Abend kurz entschlossen nach Krefeld abgefahren, um nicht in Langeweile ersticken zu müssen. Die Fahrt war furchtbar anstrengend. Bis bei K. in Düsseldorf reichte der Sprit. Ich lieh mir fünf Mark und fuhr weiter nach Krefeld, wo ich gegen 24:00 Uhr vollkommen verausgabt ankam. Ich lag bis 4:00 Uhr morgens wach im Bett, Ch.U.
> ➢ Was „Ch.U." bedeutet, weiß ich zurzeit noch nicht.

versuchte zu arbeiten. Die physiologische Chemie ist ungemein interessanter als das sture Auswendiglernen anatomischer Selbstverständlichkeiten, die ein Mediziner eben wissen muss. In der physiologischen Chemie lernte ich die Formeln der Steranfamilie, unter anderem Oestran und Androstan als weibliches und männliches Sexualhormon.

(Hier stehen im Tagebuch die molekularen Gerüste der beiden chemischen Formeln)

Wie aufregend!

Seit gestern ist mein Puls schneller geworden. Herzbeschwerden und Schlaflosigkeit sind Begleiterscheinungen, die sich bestimmt unangenehm auswirken.

Ich bin eigentlich müde. Der Versuch einer schizophrenen Kunst

   ➤ *Siehe nachfolgenden Absatz.*

scheint mir im Augenblick so nebensächlich und gegenstandslos. Doch der Drang zur Produktion ist stärker.

   ➤ *Nämlich zum Schreiben*

Auf dem Tisch,

> Nämlich in dem auf dem Tisch liegen-
> den Tagebuch

neben der Logik,

> Synonyme für „neben" sind nach dem
> Duden unter anderem „gegenüber, im
> Gegensatz/Kontrast zu". – Im Wörter-
> buch der deutschen Sprache von Ber-
> telsmann (Wö. d. dt. Spr. v. Be.) hat
> „Logik" an erster Stelle die Bedeutung
> von „Lehre vom richtigen Denken und
> Folgern".

hat ein Kutscher

> Mit letzterem bin ich selbst gemeint. –
> Zu Kutsche schreibt Günter Harnisch:
> „Sie ist ein ursprüngliches Persönlich-
> keit- und Statussymbol. Meist weist sie
> dabei auf Verspieltheit und Extravaganz
> hin. Manchmal symbolisiert die Kutsche
> Flucht aus der Realität in eine Welt der
> Fantasie."

sein Pferd geschlagen.

> Nämlich mit meiner Schilderung zu
> Beginn des Tagebucheintrags. – „Die
> Beziehung zwischen dem Pferd und sei-

nem Herrn dürfte in früheren Zeiten die persönlichste gewesen sein, die zwischen Tier und Mensch überhaupt denkbar ist. In den antiken Mythen, Sagen und Märchen verkörpert das Pferd biologische Lebenskraft. Der Hengst mit seiner Kraft und Schnelligkeit gilt als Symbol männlicher Vitalität und Potenz ..." (Günter Harnisch)

Wenn auch im Allgemeinen die Notwendigkeit das Pferd nicht geschlagen hätte –

> Im Textzusammenhang wohl zu verstehen im Sinne von: Wenn auch allgemein keine Notwendigkeit bestanden hätte, das Pferd zu schlagen

ich kotze mit langem Hals auf die Zeit –

> „Es ist zum Kotzen" bedeutet nach dem Wö. d. dt. Spr. v. Be. (derb) „es ist unerträglich". – Der Hals ist der Träger des Sprachorgans. Der lange Hals symbolisiert hier im Gesamttagebuchtextzusammenhang meine Verbindung mit einer geistigen Ebene, die mich inspirierte und mich damit zu ihrem Sprachorgan

machte. – Mit „Zeit" ist unsere gegenwärtige Zeit mit ihrem Zeitgeist gemeint.

wären meine Nachbarn im Kauf eines neuen Fernsehgerätes extrem vorsichtig, wenn nicht gar misstrauisch gewesen. Aber so etwas erlebt man. Die Menschen gehen vorüber und gedenken der verurteilten Ewigkeit,

> „Etwas verurteilen" bedeutet nach dem Wö. d. dt. Spr. v. Be. „etwas für falsch, schlecht halten, ablehnen".

verschlucken sich beim Frühstück.

> verschlucken sich (selbst) beim Frühstück.

Hält man das für möglich?

Gewiss sind kritische Stimmen da, die das Deutschlandlied singen

> Nämlich diejenigen, welche diese Art von Gedanken wie im Dritten Reich für abartig halten.

und Gurkensamen aussäen.

> Zu „Gurke" schreibt Günter Harnisch: „Dieses Traumbild weist auf die männliche Sexualität hin."

Die Stimmen?

Oh nein! Das wäre ein betrübliches Maß an Demenz, das wir uns noch nicht leisten können. Ich hörte gestern von einem unsinnigen Unternehmen. Die Schwimmer starteten mit Bauchschmerzen.

So was!

Ich werde immer müder. Mitternacht ist noch sehr weit, meine Pfeife gerade an. Ich werde mich jetzt mit meinem Brüderchen erneut auf die Muskulatur schmeißen.

> Mit „Brüderchen" meinte ich meinen jüngsten Bruder, der mir beim Auswendiglernen der Muskeln im Lehrbuch der Anatomie helfen sollte.

Vielleicht kommt was bei rum.

> Vielleicht kommt etwas dabei herum.

<u>13. Dezember 1960, Saarland</u>

Ja, es kam, aber heute ist schon der 13.12., dem eine besondere Seite gewidmet sei.

—

Vielleicht ist, aber ich bin so lustlos und faul, mir Gedanken darüber zu machen. Ich gehe gleich ins Bett, obwohl ich heute außer vier Vorlesungen und zwei Abgaben noch nichts geschafft habe. Wie kann man einen Menschen so quälen, ihn durch ein Versprechen und überhaupt so binden — und dann das, was sich aus dieser Verbindung an wirklichen Aufgaben ergibt, so vernachlässigen. Ich frage mich immer wieder, ob das Liebe ist, das, was man nur für sich tut ohne Rücksicht auf die Gefühle des anderen. Ein schändliches Verhältnis, das alles in sich hat, ein noch so starkes Selbstvertrauen zu erschüttern. Ich weiß, vieles macht der Schnee und die Zeit davor, doch betrüblich bleibt es noch in sofern, dass man für das Wohl oder Wehe seiner Stimmung auf das Wetter angewiesen ist. Es ist so grässlich langweilig hier, dass ich, obwohl letzte Nacht erst wieder angekommen, gleich wieder wegfahren möchte. Würde sie nur mit einem Wort schreiben, wie es ihr geht, einen netten Gedanken, und mag es der einer Schwester sein, für mich haben und mir sagen, was ist. So ist es jedenfalls zermürbend, das Gefühl, von einem Menschen mit bösen Worten entlassen worden zu sein. Manchmal möchte man aus Empörung einfach zu einem anderen Mädchen gehen, und nicht nur aus Empörung, was allein wohl lächerlich klingen würde. Dann aber wartet man den nächsten Tag ab und wieder den nächsten, und mit jedem wird ein Leben, das so schön sein könnte, kürzer, elender, unerfüllter. Es ist alles Scheiße. Um nicht ganz stumpfsinnig herumzusitzen, die Menschen sind mir jetzt alle langweilig, ist jedenfalls pathologisch, werde ich noch ein wenig über die Struktur der Substanz schreiben. Amen.

Am besten ist, ich bekotze jede Seite dieses Buches, dann ist, glaube ich, das Wesentlichste meiner jetzigen und wahrscheinlich wiederkehrenden Stimmungen charakterisiert. Dieser Schnee, die weiße Hülle und glänzende Schale einer großen Schmutzigkeit!

<u>Aufgliederung des Textes und Erläuterung</u>

Ja, es kam,

> *Zurückkommend auf das Ende meines Tagebucheintrags vom 11. Dezember,*

> wo ich schrieb: „Vielleicht kommt was
> bei rum.“

aber heute ist schon der 13. Dezember, dem eine
besondere Seite gewidmet sei.

   ➤ *Nämlich im Tagebuch*

—

Vielleicht ist …,

   ➤ *Im Textzusammenhang dachte ich wohl*
      an irgendetwas in Verbindung mit G.

aber ich bin so lustlos und faul, mir Gedanken
darüber zu machen. Ich gehe gleich ins Bett, obwohl ich heute außer vier Vorlesungen und zwei
Abgaben noch nichts geschafft habe. –

   ➤ *Abgaben sind Prüfungen im Präparier-*
      kurs der Anatomie, und zwar über die
      Bezirke, die man an der Leiche zu prä-
      parieren hatte.

Wie kann man einen Menschen so quälen, ihn
durch ein Versprechen und überhaupt so binden,
und dann das, was sich aus dieser Verbindung an
wirklichen Aufgaben ergibt, so vernachlässigen.

   ➤ *Bezieht sich auf meine Beziehung zu G.*

Ich frage mich immer wieder, ob das Liebe ist,
das, was man nur für sich tut ohne Rücksicht auf
die Gefühle des anderen. Ein schändliches Ver-

hältnis, das alles in sich hat, ein noch so starkes Selbstvertrauen zu erschüttern. Ich weiß, vieles macht der Schnee und die Zeit davor,

 doch betrüblich bleibt es noch insofern, dass man für das Wohl oder Wehe seiner Stimmung auf das Wetter angewiesen ist. Es ist so grässlich langweilig hier, dass ich, obwohl letzte Nacht erst wieder angekommen, gleich wieder wegfahren möchte. Würde sie nur mit einem Wort schreiben, wie es ihr geht, einen netten Gedanken, und mag es der einer Schwester sein, für mich haben und mir sagen, was ist. So ist es jedenfalls zermürbend, das Gefühl, von einem Menschen mit bösen Worten entlassen worden zu sein. Manchmal möchte man aus Empörung einfach zu einem anderen Mädchen gehen, und nicht nur aus Empörung, was allein wohl lächerlich klingen würde.

Dann aber wartet man den nächsten Tag ab und wieder den nächsten, und mit jedem wird ein Leben, das so schön sein könnte, kürzer, elender, unerfüllter. Es ist alles Scheiße. Um nicht ganz stumpfsinnig herumzusitzen, die Menschen sind mir jetzt alle langweilig ...

Ist jedenfalls pathologisch!

... werde ich noch ein wenig über die Struktur der Substanz schreiben.

Amen!

Am besten ist, ich bekotze jede Seite dieses Buches. Dann ist, glaube ich, das Wesentlichste meiner jetzigen und wahrscheinlich wiederkehrenden Stimmungen charakterisiert. Dieser Schnee – die weiße Hülle und glänzende Schale einer großen Schmutzigkeit!

<u>15. Dezember 1960</u>

Sylvia ist ein Engel. Sie hat, glaube ich, Heu gefressen und anschließend gewiehert. Sie raucht auch gern. Ich möchte ihr was schenken. Doch mir fällt nichts ein, höchstens was aus: wollt Ihr's wissen, Ihr Naseweise? Nun denn, die Logik fällt höchstens aus. Aber was versteht Ihr davon. An kalten Wintertagen, wenn selbst die Sonne friert, sitzt sie hinter dem Ofen und hört Brahms. Sie stopft Strümpfe; während der Hund den Mond ankotzt, rollt sie wehmütig verträumt ihre Kulleraugen und denkt an Friesland. Manchmal peitschen Zweige das Fenster, das schmutzige Fenster, das den Garten verglast. Gelöst in unendliche Trauer lauscht sie zur Straße. Es kommen Männer und Frauen und Kinder herauf und herunter. Heruntergekommen, denkt sie, war des Pudels Kern. Das ist's.
Am Grunde des roten Weins gaukeln Buchstaben und wechseln ihre Bindungen. Saltatorisch ist die Potenz, das erste aus der Physiologie, das erste und das letzte von mir. Ich fühle Beziehungen und zerkneife sie mit der Relationszange. Wer macht mir's nach? Er soll mein Freund sein! Ein halber Liter noch. Ich werde ihn trinken müssen, denn ich bin unmäßig. In den Armen hält er seine Liebe und singt ihr was vor: Wir wollen niemals

auseinandergehen nach Heidi Brühl. Recht so. Man soll es ja auch nicht tun.

Unter seinen Füßen hämmert die Straße: geh, geh. Das Pflaster mag keine Ruhe. Und er geht mit verkrampften Augen von Stein zu Stein. Eine Folie aus silberweißem Papier fesselt ihn. Dann ist es die Empörung. Was soll er hier. Hat man ihn verstoßen. Engelspfad liest er am Straßenschild. Eine alte Gasse, wo das arme Volk für den Lokalteil der Zeitung lebt. Er mag diese alten zerfallenen Torwege nicht mehr, noch weniger das Licht der eisernen Laternen. Man müsste sie dem modernen Stadtbild anpassen. Darf man ein Stadtviertel so vergessen? Es beginnt zu schneien. Auch das noch. Die fragmenthafte Reklame über dem Gasthaus verspricht nicht viel. Er geht weiter. Träume kommen. So von der Schizophrenie, die er im Krankenhaus erlebte. Sie beleben ihn. Ein fantastisches Durcheinander, Pseudoschöpfungen aller Art. Was für Möglichkeiten! Ach Sylvia, seufzt sein Herz, was musstest du so viel Heu fressen. Und, ach! Ihm läuft die Erinnerung davon. Dann findet er etwas. Es ist ein Pfennig, vor dem er niederkniet und den er voll Andacht in seine Hände nimmt. Was bringst du mir? Unerhört schlau, rufen Polizeiwachtmeister, und wedeln mit ihren Gummistöcken, mit ihren Gummistöcken. Manchmal trieb man bei uns zuhause das Vieh des Abends oder des Abends das Vieh von den Weiden in die Ställe, besonders die Kühe, weil man sie da elektrisch melken konnte. Ich war oft dabei, und nie ging es ohne Geschrei ab. Der Trigeminus ist noch auf dem Teppich, wenn nicht, ist die Sache aussichtslos.

Morgen fahre ich nach Krefeld und nehme neun Flaschen Wein mit, denn es stehen viele Feiertage bevor. Dann sagten wir auch immer: lieber Gott, ich bitte dir, mach ein gescheites Mensch aus mir, und sangen „die Fahne hoch, die Reihen fest geschlossen, der Frieden ist heut in die Welt hineingelassen, ein Kind hat uns die Welt geschenkt, der böse Mensch wird nunmehr aufgehängt.
Wir schlafen eine Nacht, und am Morgen hat der Schnee die Welt verändert, so dass wir nur schwer den Weg zur Arbeit finden.

<u>Aufgliederung des Textes</u>

Sylvia ist ein Engel. Sie hat, glaube ich, Heu gefressen und anschließend gewiehert. Sie raucht auch gern. Ich möchte ihr was schenken. Doch mir fällt nichts ein, höchstens was aus. Wollt Ihr's wissen, Ihr Naseweise? Nun denn, die Logik fällt höchstens aus. Aber was versteht Ihr davon?! An kalten Wintertagen, wenn selbst die Sonne friert, sitzt sie hinter dem Ofen und hört Brahms. Sie stopft Strümpfe. Während der Hund den Mond ankotzt, rollt sie wehmütig verträumt ihre Kulleraugen und denkt an Friesland. Manchmal peitschen Zweige das Fenster, das schmutzige Fenster, das den Garten verglast. Gelöst in unendliche Trauer lauscht sie zur Straße. Es kommen Männer und Frauen und Kinder herauf und herunter. Heruntergekommen, denkt sie, war des Pudels Kern.

Das ist's!

Am Grunde des roten Weins gaukeln Buchstaben und wechseln ihre Bindungen. Saltatorisch ist die Potenz. Das erste aus der Physiologie, das erste und das letzte von mir. Ich fühle Beziehungen und zerkneife sie mit der Relationszange. Wer macht mir's nach? Er soll mein Freund sein! – Ein halber Liter noch. Ich werde ihn trinken müssen, denn ich bin „unmäßig".

In den Armen hält er seine Liebe und singt ihr was vor: „Wir wollen niemals auseinandergehen!"

Nach Heidi Brühl.

Recht so!

Man soll es ja auch nicht tun.

Unter seinen Füßen hämmert die Straße: „Geh, geh!"

Das Pflaster mag keine Ruhe.

Und er geht mit verkrampften Augen von Stein zu Stein. Eine Folie aus silberweißem Papier fesselt ihn. Dann ist es die Empörung. Was soll er hier?! Hat man ihn verstoßen? „Engelspfad" liest er am Straßenschild.

Eine alte Gasse, wo das arme Volk für den Lokalteil der Zeitung lebt.

Er mag diese alten, zerfallenen Torwege nicht mehr, noch weniger das Licht der eisernen Laternen.

Man müsste sie dem modernen Stadtbild anpassen. Darf man ein Stadtviertel so vergessen?

Es beginnt zu schneien.

Auch das noch!

Die fragmenthafte Reklame über dem Gasthaus verspricht nicht viel. Er geht weiter. Träume kommen. So von der Schizophrenie, die er im Krankenhaus erlebte. Sie beleben ihn.

Ein fantastisches Durcheinander, Pseudoschöpfungen aller Art. Was für Möglichkeiten!

„Ach Sylvia", seufzt sein Herz, „was musstest du so viel Heu fressen?" Und, ach, ihm läuft die Erinnerung davon. Dann findet er etwas. Es ist ein Pfennig, vor dem er niederkniet und den er voll Andacht in seine Hände nimmt.

Was bringst du mir?

„Unerhört schlau!", rufen Polizeiwachtmeister und wedeln mit ihren Gummistöcken.

Mit ihren Gummistöcken! Manchmal trieb man bei uns zuhause das Vieh des Abends – oder des Abends das Vieh – von den Weiden in die Ställe, besonders die Kühe, weil man sie da elektrisch melken konnte. Ich war oft dabei, und nie ging es ohne Geschrei ab.

Der Trigeminus ist noch auf dem Teppich. Wenn nicht, ist die Sache aussichtslos!

Morgen fahre ich nach Krefeld und nehme neun Flaschen Wein mit, denn es stehen viele Feiertage bevor. Dann sagten wir auch immer: „Lieber Gott, ich bitte Dir, mach ein gescheites Mensch aus mir!" – und sangen:

„Die Fahne hoch, die Reihen fest geschlossen,
der Frieden ist heut in die Welt hineingelassen,
ein Kind hat uns die Welt geschenkt,
der böse Mensch wird nunmehr aufgehängt."

Wir schlafen eine Nacht, und am Morgen hat der Schnee die Welt verändert, sodass wir nur schwer den Weg zur Arbeit finden.

<u>Deutung</u>

> Tagebucheintrag überwiegend inspiriert.

Sylvia ist ein Engel.

> „Der Name kommt aus dem <u>Lateinischen</u>,

wo *silva* <u>Wald</u> bedeutet. Daher wird die Bedeutung von Silvia/Sylvia oft als Königin des Waldes oder Herrin des Waldes angegeben ..." (Wikipedia). – „Traumhandlungen im Wald weisen meist auf archetypische Muster des Kollektiven Unbewussten in uns hin. Der Wald gilt als Symbol des Unbewussten ..." (Günter Harnisch). – Im Wörterbuch der deutschen Sprache von Bertelsmann (Wö. d. dt. Spr. v. Be.) hat „Engel" an zweiter Stelle (im übertragenen Sinn) unter anderem die Bedeutung von „selbstloser, hilfsbereiter Mensch".

Sie hat, glaube ich, Heu gefressen und anschließend gewiehert.

> Zu Nahrungsmittel schreibt Günter Harnisch: „Als Traumsymbol enthalten sie Hinweise auf die körperlichen und seelischen Lebenskräfte des Träumenden. Sie veranschaulichen seinen psychischen und körperlichen Zustand und seine Bedürfnisse. Für die Traumbedeutung ist oft die Art der Nahrungsmittel von Bedeutung, auch ihre Beschaffenheit und was mit ihnen geschieht." – „Heu (verdorrtes Gras) gilt als Symbol des Nichts, des Leeren, Unfruchtbaren, der Vanitas". (Lexikon der sprichwörtlichen Redensarten von Lutz Röhrich). – – Im Wö. d. dt. Spr. v. Be. hat „wiehern" an dritter Stelle die Bedeutung von „laut, stark lachen", zum Beispiel

„wir haben gewiehert, als er das erzählte".

Sie raucht auch gern.

> Gemeint ist wohl I., die ich zweieinhalb
> Jahre später kennenlernte.

Ich möchte ihr was schenken. Doch mir fällt
nichts ein, höchstens was aus. Wollt Ihr's wissen,
Ihr Naseweise?

> An die Leser gerichtet

Nun denn, die Logik fällt höchstens aus.

> Im Wö. d. dt. Spr. v. Be. hat „Logik" an
> erster Stelle die Bedeutung von „Lehre
> vom richtigen Denken und Folgern"
> und an zweiter Stelle von „folgerichtiges
> Denken, Folgerichtigkeit".

Aber was versteht Ihr davon?! An kalten Wintertagen, wenn selbst die Sonne friert,

> Letzteres wohl im Wasser

sitzt sie hinter dem Ofen und hört Brahms.

> „Der Ofen stellt im Traum den Bereich
> der Gefühlswärme dar. Ist der Ofen
> kalt, so fehlt es an emotionaler Wärme
> im Haus. Dieses Traumbild ist als In-
> formation über Probleme in der Part-
> nerschaft zu verstehen." (Günter Har-

nisch). – „Etwas hören" hat im Wö. d. dt. Spr. v. Be. an erster Stelle unter anderem die Bedeutung von „erfahren, von etwas Kenntnis erhalten". – „Im Jahr 1853 macht Brahms eine schicksalhafte Begegnung. Er lernt die Musiker bzw. Komponisten Robert und Clara Schumann in Düsseldorf kennen. Nach Schumanns Tod, der Brahms bei seiner Karriere entscheidend half, wird aus der Freundschaft zu Clara eine stille Liebe." (Aus „Was ist das")

Sie stopft Strümpfe.

> „... Haben die Strümpfe ein Loch, sollten wir es schnell stopfen; es ist gleichbedeutend mit einer Charakterschwäche oder einer Fehlentscheidung, die wir treffen könnten, also eine Mahnung aus dem Unbewussten, rechtzeitig falsches Tun zu erkennen ..." (Georg Fink)

Während der Hund den Mond ankotzt,

> „Tiere verkörpern im Traum die Naturseite des Menschen. Sie vertreten gleichsam die Instinkte und Ahnungen.

Menschliche Eigenschaften werden in Sprache und Literatur – in den Fabeln und Comics – durch Tiere und Tierverhaltensweisen dargestellt ...‟ (Günter Harnisch). – „Der Hund kommt im Traum in zweifacher Symbolbedeutung vor: Er gilt als Wächter für den Besitz des Menschen, als Schutz gegen Angriffe und als treuer Freund. Er kann aber auch Symbol für Aggressionen darstellen.‟ (Günter Harnisch). – „Der Mond hat im Allgemeinen weibliche Symbolbedeutung. Er stellt seit alters her die kosmische Entsprechung der obersten weiblichen Gottheit dar. In vielen Sprachen ist er dem weiblichen Geschlecht zugeordnet (z.B. la lune im Französischen). Bekannt ist seine Beziehung zu Stimmungen und dem Monatszyklus der Frau.‟ (Günter Harnisch). „Jemanden ankotzen‟ bedeutet nach dem Wö. d. dt. Spr. v. Be. (derb) „jemanden anwidern, jemandem zuwider sein‟.
rollt sie wehmütig verträumt ihre Kulleraugen

> „Kulleraugen machen" bedeutet nach
> dem Wö. d. dt. Spr. v. Be. „(vor Erstau-
> nen oder Freude) große Augen ma-
> chen".

und denkt an Friesland.

> und denkt an Sankt Peter Ording in
> Nordfriesland (wo wir 1963, zweiein-
> halb Jahre später, gemeinsame Ferien-
> tage verbrachten.)

Manchmal peitschen Zweige das Fenster,

> Im Wö. d. dt. Spr. v. Be. hat „Zweig"
> an erster Stelle die Bedeutung von
> „kleiner, dünner Ast". „Der Baum ist
> ein archetypisches Symbol des Lebens,
> wie es sich in den Begriffen Lebensbaum
> und Stammbaum niederschlägt. Als
> Traumsymbol deutet der Baum meist
> auf die persönliche Entwicklung und das
> Wachstum des Träumenden hin ..."
> (Günter Harnisch). – In Verbindung mit
> meinem Tagebucheintrag vom 13. Ja-
> nuar 1961, in welchem es, an die Leser
> gerichtet, heißt: „Sehen Sie, das Fenster
> ist blind!", und mit meiner Lebensge-

schichte nach 1960 bin mit dem „Fenster" ich selbst gemeint. Denn zu „Fenster" schreibt „Der Traumdeuter.ch" unter anderem: „<u>Psychologisch</u>: Der Träumende nimmt nicht direkt am Geschehen des Lebens teil, er befindet sich eher in der Rolle des Beobachters …"

das schmutzige Fenster, das den Garten verglast.

> Im Wö. d. dt. Spr. v. Be. hat „schmutzig" an zweiter Stelle die Bedeutung von „unanständig" und an dritter Stelle von „niedrig, gemein". — „Der Garten ist im Allgemeinen ein Symbol der partnerschaftlichen Beziehung. Er zeigt Wachstum, Fruchtbarkeit, Lebensfreude an und hat fast immer eine positive Bedeutung …" (Günter Harnisch). — „Glas im Traum kann auf die Zerbrechlichkeit einer Beziehung oder auf Überempfindlichkeit des Träumenden hinweisen. Eine Glaswand, die zwischen dem Träumenden und einer anderen Person besteht, deutet auf Störungen in

der Kommunikation zu dieser Person hin ..." (Günter Harnisch). – 1964 brach ich die partnerschaftliche Beziehung zu I. ab.

Gelöst in unendliche Trauer lauscht sie zur Straße.

> „Straßen oder Wege erscheinen im Traum als Symbole des Lebenswegs ..." (Günter Harnisch)

Es kommen Männer und Frauen und Kinder herauf und herunter. Heruntergekommen, denkt sie, war des Pudels Kern.

> Nämlich in Anlehnung an den Pudel in Goethes „Faust, erster Teil". – Im Wö. d. dt. Spr. v. Be. hat „herunterkommen" im übertragenen Sinn die Bedeutung von „verwahrlosen, vernachlässigt werden", zum Beispiel „das Haus ist heruntergekommen".– Im gleichen Wörterbuch hat „Kern" an zweiter Stelle die Bedeutung von „im Inneren liegender (wichtiger) Teil".

Das ist's!

Am Grunde des roten Weins gaukeln Buchstaben und wechseln ihre Bindungen.

> „Die Farbe Rot drückt Leidenschaft, Sinnlichkeit, Feuer und gesteigerte Vitalität aus ...“ (Günter Harnisch). Bezüglich „Wein“ heißt es beim gleichen Autor: „Dieses Traumsymbol deutet auf Lebenskraft, Fantasie, Gedankenreichtum und Sinnenfreudigkeit hin.

Saltatorisch ist die Potenz.

> Nach dem Wö. d. dt. Spr. v. Be. hat „saltatorisch“ die Bedeutung von „sprunghaft, überspringend“.

Das erste aus der Physiologie, das erste und das letzte von mir. Ich fühle Beziehungen und zerkneife sie mit der Relationszange.

> Der letzte Satz ist zu verstehen im Sinne von: Ich fühle Beziehungen entstehen und breche sie ab. – Im Wö. d. dt. Spr. v. Be. wird „Relation“ definiert als „Beziehung, Verhältnis (mehrerer Dinge zueinander)“.

Wer macht mir's nach? Er soll mein Freund sein! –

> Dazu fällt mir ein: Zeige mir deine Freunde, und ich sage dir, wer du bist! – Zu „Freunde" heißt es bei Günter Harnisch unter anderem: „Alle im Traum auftauchenden Personen können bestimmte Aspekte der Persönlichkeit des Träumenden spiegeln. Während Feinde auf negative Eigenschaften und Handlungen hinweisen, verkörpern Freunde die positiven und vertrauten Seiten der Persönlichkeit ..."

Ein halber Liter noch.

> Gemeint ist sicherlich Rotwein.

Ich werde ihn trinken müssen, denn ich bin „unmäßig".

> Das Wort „unmäßig" stand in einem Brief von meiner Freundin G.

In den Armen hält er seine Liebe und singt ihr was vor: „Wir wollen niemals auseinandergehen!"

> Mit dem, der singt, bin ich gemeint.

Nach Heidi Brühl.

> Das Lied selbst war das Lieblingslied meiner Mutter. Hier wird es gebracht,

um meine Widersprüchlichkeit darzustellen: Einerseits kritisiere ich und leide auch darunter, dass G. unsere Beziehung trennte, andererseits wird an einer zukünftigen Partnerschaft gezeigt, dass ich selbst leichtfertig in Beziehungen eintrete und diese, ohne mich um die Gefühle der Partnerin zu kümmern, wieder auflöse.

Recht so!

Man soll es ja auch nicht tun.
> ➤ Nämlich „auseinandergehen".

Unter seinen Füßen hämmert die Straße: „Geh, geh!"

Das Pflaster mag keine Ruhe.

Und er geht mit verkrampften Augen von Stein zu Stein.
> ➤ „Im Volksmund bezeichnet man die Augen als den Spiegel der Seele. Das Auge hat im Traum die Symbolbedeutung eines Bewusstseinsorgans. Eine Behinderung der Sehfähigkeit informiert bei-

spielsweise darüber, dass der Träumende ein bestimmtes Problem oder auch
die Problematik seiner Lebensführung
insgesamt nicht richtig sieht." (Günter
Harnisch). – Nach dem Wö. d. dt. Spr.
v. Be. ist ein „steiniger Weg" im übertragenen Sinn ein „mühevoller Weg".

Eine Folie aus silberweißem Papier fesselt ihn.

> ➢ Damals besaß ich einen Kopierer der
> Marke RENAPLAN. Beim Kopiervorgang
> wurde hier nach meiner Erinnerung
> mit Folien gearbeitet. Ich hatte damit
> begonnen, alle historisch wichtigen Er-
> eignisse in Politik, Wissenschaft, Kunst
> und anderem chronologisch nebenei-
> nander darzustellen. Ich wollte damit
> die zeitlichen Beziehungen zwischen ih-
> nen aufdecken.

Dann ist es die Empörung.

> ➢ Wohl bezugnehmend auf eine diesbezüg-
> liche Äußerung von mir in meinem Ta-
> gebucheintrag vom 13. Dezember.

**Was soll er hier?! Hat man ihn verstoßen? „En-
gelspfad" liest er am Straßenschild.**

Eine alte Gasse, wo das arme Volk für den Lokalteil der Zeitung lebt.

Er mag diese alten, zerfallenen Torwege nicht mehr,

> „Tür und Tor zeigen im Traum Zugangsmöglichkeiten an, deren Art sich aus der weiteren Traumhandlung bestimmen lässt ...“ (Günter Harnisch)

noch weniger das Licht der eisernen Laternen.

> Im Wö. d. dt. Spr. v. Be. hat „Licht“ an erster Stelle die Bedeutung von „etwas, das Helligkeit verbreitet“ und an fünfter Stelle von „geistige Fähigkeiten, Wissen“. – Im gleichen Wörterbuch hat „eisern“ an dritter Stelle (im übertragenen Sinn) die Bedeutung von unnachgiebig, unerbittlich, streng“.

Man müsste sie dem modernen Stadtbild anpassen. Darf man ein Stadtviertel so vergessen?

> „Die Stadt stellt im Traum den seelischen Umweltbereich des Träumenden dar ...“ (Günter Harnisch)

Es beginnt zu schneien.

> „... Sonst aber ist es in der Seele kalt, wenn man von Eis und Schnee träumt. Die Winterlandschaft hat etwas Großes und Erschreckendes ..." (Ernst Aeppli)

Auch das noch!

Die fragmenthafte Reklame über dem Gasthaus verspricht nicht viel.

> Im Wö. d. dt. Spr. v. Be. hat „Gasthaus" an zweiter Stelle die Bedeutung von „Gaststätte", zum Beispiel „täglich im Gasthaus sitzen".

Er geht weiter.

> Im Wö. d. dt. Spr. v. Be. hat „weitergehen" an erster Stelle unter anderem die Bedeutung von „seinen Weg fortsetzen, nicht stehen bleiben".

Träume kommen.

> Etwa ab 1963 führte ich ich über einige Jahre ein Traumtagebuch. — Im Wö. d. dt. Spr. v. Be. hat „Traum" an erster Stelle die Bedeutung von „Folge von Bildern, Vorstellungen, die während des Schlafens auftreten" und an zweiter

Stelle von „dringender Wunsch, Sehnsucht".

So von der Schizophrenie, die er im Krankenhaus erlebte.

> Zu Beginn meines Medizinstudiums und auch später arbeitete ich mehrmals während der Semesterferien als Hilfspfleger in einer Landes-Heil- und Pflegeanstalt, wo ich mit Schizophrenen in Berührung kam. Mit letzteren sprach ich gern. Ich suchte nach einem Grund für ihre sprachliche Ausdrucksweise.

Sie beleben ihn.

Ein fantastisches Durcheinander, Pseudoschöpfungen aller Art. Was für Möglichkeiten!

> Infolge meiner damaligen Wissenschaftsgläubigkeit dachte ich, dass unser gesamtes Denken, Reden und Handeln auf Reaktionsabläufen in unserem Zentralnervensystem beruhe. Auch um diese Reaktionsabläufe zu durchbrechen und dadurch zu neuen Vorstellungsinhalten zu kommen, schrieb ich oft nur das ins Tagebuch, was mir gerade ein-

fiel. Es wirkte wie schizophren, erfüllt mich aber danach mit einem Gefühl der Zufriedenheit.

„Ach Sylvia", seufzt sein Herz,
> „Das Herz ist das Symbol für körperliche Lebensenergie, aber auch für Liebe, für Gefühlsfähigkeit. Nach der Symbolik des Mittelalters war das Herz das Bild der Sonne im Menschen. Auch dieses Bild weist deutlich auf die Bedeutung dieses Organs für die Versorgung mit Lebensenergie hin ..." (Günter Harnisch)

„was musstest du so viel Heu fressen?"
> Siehe zweiten Satz des Tagebucheintrags.

Und, ach, ihm läuft die Erinnerung davon. Dann findet er etwas. Es ist ein Pfennig, vor dem er niederkniet und den er voll Andacht in seine Hände nimmt.
> Nämlich im Rahmen eines Aberglaubens.

Was bringst du mir?
> Nämlich der gefundene Pfennig, der Glückspfennig.

„Unerhört schlau!",

> ➢ Im Wö. d. dt. Spr. v. Be. hat „jemanden erhören" an erster Stelle die Bedeutung von „jemandes Bitte erfüllen", zum Beispiel „der Himmel hat ihr Flehen erhört". – Im gleichen Wörterbuch hat „unerhört" an zweiter Stelle die Bedeutung von „schändlich, empörend". – Ebenfalls in diesem Wörterbuch hat „schlau" an erster Stelle die Bedeutung von „immer einen Ausweg, eine Möglichkeit findend, findig, listig".

rufen Polizeiwachtmeister und wedeln mit ihren Gummistöcken.

> ➢ „Wie in der Wirklichkeit so kann der Polizist auch in der Traumsprache die Staatsgewalt verkörpern. Meist symbolisiert er im Traum aber mehr eine hilfreiche psychische Ordnungsfunktion, nämlich das Gewissen." (Günter Harnisch)

Mit ihren Gummistöcken! Manchmal trieb man bei uns zuhause das Vieh des Abends – oder des Abends das Vieh – von den Weiden in die Ställe,

> Zu verstehen als Ausdruck meiner damaligen Kritik daran, wie unsere Ordnungshüter manchmal mit den Menschen umgehen.

besonders die Kühe, weil man sie da elektrisch melken konnte. Ich war oft dabei, und nie ging es ohne Geschrei ab.

Der Trigeminus ist noch auf dem Teppich.

> Der Trigeminus ist der fünfte Hirnnerv des Menschen. Er spaltet sich auf in drei Hauptäste. Aufgrund dieser anatomischen Gegebenheit wird er hier im Textzusammenhang wohl als Symbol für die Dreieinigkeit Gottes herangezogen. – „Auf dem Teppich sein" bedeutet nach dem Lexikon für sprichwörtliche Redensarten „eine günstige Gelegenheit zu nutzen wissen".

Wenn nicht, ist die Sache aussichtslos!

Morgen fahre ich nach Krefeld und nehme neun Flaschen Wein mit, denn es stehen viele Feiertage bevor. Dann sagten wir auch immer: „Lieber

Gott, ich bitte Dir, mach ein gescheites Mensch
aus mir!" –

> ➤ „Ich bitte Dir" ist bewusst falsch ge-
> schrieben. Siehe dazu auch meinen Ta-
> gebucheintrag vom 28. Oktober, wo es
> heißt: „Dem Sterbenden die Lippen des
> Paters flüstern eine Melodie der Einfalt,
> der lieben Einfältigkeit: „Lieber Gott,
> ich bitte Dir, mach ein gescheites
> Mensch aus mir."

und sangen:
„Die Fahne hoch, die Reihen fest geschlossen,
der Frieden ist heut in die Welt hineingelassen,
ein Kind hat uns die Welt geschenkt,
der böse Mensch wird nunmehr aufgehängt."

Wir schlafen eine Nacht,

> ➤ Im Wö. d. dt. Spr. v. Be. hat „schlafen"
> an zweiter Stelle (im übertragenen
> Sinn) die Bedeutung von „unaufmerk-
> sam sein, nicht aufpassen, an andere
> Dinge denken". – „Die Nacht stellt im
> Traum den gesamten Bereich des Un-
> bewussten dar, der im Dunkeln liegt."
> (Günter Harnisch)

und am Morgen hat der Schnee die Welt verändert, sodass wir nur schwer den Weg zur Arbeit finden.

> ➤ „... Sonst aber ist es in der Seele kalt, wenn man von Eis und Schnee träumt. Die Winterlandschaft hat etwas Großes und Erschreckendes ..." (Ernst Aeppli)

Es bewegt sich alles dem Ende zu, dem Jahresende zu, ich selbst, die anderen, die Steine und Schiffe, der Himmel, die Fassung, das Glas Rotwein, der Priester, die Maus, die Provokation und die Propaganda. Eigentlich sollte man diesem Ganzen ein hartes, befehlendes Halt zurufen und ihm den Weg versperren. Doch die Erde rutscht einem, oder dem Widerwilligen, unter den Füßen hinweg, wenn die Aufsässigkeit allzu groß wird. Ich denke an Lumumba, der sich gegen die große Masse stemmte und dem seine schwarzen Kräfte schließlich auch nur harte Prügel einbrachten. Ich denke da an noch etwas, was ich aber lustigerweise lieber verschweige.

Es hat die Nacht dem müden Hund ein Kind gebracht, für das er keine Milch besitzt. Er nimmt es in die Schnauze und geht auf Milchsuche. Wo läuft er zuerst hin? Das ist einfach. In den Keller. Warum? Das möchte ich auch gerne wissen. Vielleicht ist er ein Optimist und hofft, eine säugende Ratte zu treffen. Ratten aber sind heute leider Mangelware, man hat mit ihnen den Reaktor angesteckt ohne Rücksicht auf ihre engeren Bindungen. So vergeht dem müden Hund bald sein Optimismus, denn ihm begegnen nur nach Milch und Mutter schreiende Rattenkinder, die seinem eigenen Kind nicht helfen können. Er hat Angst.

Wohin jetzt? Eine kalte Winternacht breitet ihren weißen Schleier über die schmutzige Welt, sie hat nichts übrig für einen frierenden Hund mit einem sterbenden Kind. Hunde, Hunde, helft eurem Kameraden, schützt eure Art, lasst ein Hundekind nicht sterben. Wie Schatten huschen sie durch die Nacht und durchschweifen mit den Schnauzen am Boden das Land. Am Morgen bringen sie eine Kuh, die Milch hat, und verstecken sie unauffindbar im Zentrum ihres Hundereiches. Sie stehen Wache und verwehren jedem mit gefletschten Zähnen den Zutritt. Das Kind gedeiht in ihrer Obhut und wächst zu einem starken Hund heran, der wie ein Schatten einst wieder die dunkle Nacht durchschweifen wird auf der Suche nach Milch. Wie Schatten durchschweifen im weißen Schnee die Hunde das Land.

Nun, um es auch zu sagen, ich bin wieder in Krefeld, leider. Zu Hause hat sich wahrhaftig nichts verändert – ein riesengroßer sturer Betrieb, der häkelt und spinnt. Spannungen zwischen meinen Eltern und mir, die nur dadurch aus der Welt zu schaffen sind, dass ich bald, erst im Januar, wieder weggehe. Ich habe meinen Angehörigen, meinen Eltern und Geschwistern verboten, mir zu Weihnachten, wie man vorhatte, größere Geschenke zu machen. Ich mag das nicht, das von der Barmherzigkeit anderer abhängige Leben.

Töricht eigentlich und so kindlich, aber ich habe eine enorme Abneigung gegen sowas und werde diese Abneigung auch nicht aufgrund einer zweckgerichteten Überlegung aufgeben. Lasst mir meinen Spleen, auch den, der das Honnefer Modell zum Teufel und in die Taschen wohlhabender Kommilitonen gejagt hat. Ein Spleen halt, der aber meinem Wesen und meiner Arbeit sehr viel einbringt.

Meine Wirtin schenkte mir bei der Abfahrt eine Flasche Wein und bat mich, diese erst Heiligabend zu öffnen. Wir werden uns um 20:00 Uhr zuprosten.

Der Herrscher sagte zur Herrscherin, Luise, wo ist meine Unterhose.

Ich werde jetzt schlafen gehen. Gute Nacht, mein G.-Kind, und träume von mir. Ich bin wahnsinnig müde.

<u>Aufgliederung des Textes und Deutung</u>

➢ *Der zweite Teil des Tagebucheintrags ist inspiriert.*

Es bewegt sich alles dem Ende zu, dem Jahresende zu, ich selbst, die anderen, die Steine und Schiffe, der Himmel, die Fassung, das Glas Rotwein, der Priester, die Maus, die Provokation und die Propaganda. Eigentlich sollte man diesem Ganzen ein hartes, befehlendes Halt zurufen und ihm den Weg versperren. Doch die Erde rutscht einem – oder dem Widerwilligen – unter den Füßen hinweg, wenn die Aufsässigkeit allzu groß wird. Ich denke an Lumumba, der sich gegen die große Masse stemmte und dem seine schwarzen Kräfte schließlich auch nur harte Prügel einbrachten. Ich denke da an noch etwas, was ich aber lustigerweise lieber verschweige.

–

Es hat die Nacht dem müden Hund ein Kind gebracht,

➢ *Im Wörterbuch der deutschen Sprache von Bertelsmann (Wö. d. dt. Spr. v. Be.) wird die Nacht definiert als „Zeit vom Anbruch der Abenddämmerung bis zum Beginn der Morgendämmerung". –*

„Die Nacht stellt im Traum den gesamten Bereich des Unbewussten dar, der im Dunkeln liegt." (Günter Harnisch). – „Tiere verkörpern im Traum die Naturseite des Menschen. Sie vertreten gleichsam die Instinkte und Ahnungen. Menschliche Eigenschaften werden in Sprache und Literatur – in den Fabeln und Comics – durch Tiere und Tierverhaltensweisen dargestellt ..." (Günter Harnisch). – „Der Hund kommt im Traum in zweifacher Symbolbedeutung vor: Er gilt als Wächter für den Besitz des Menschen, als Schutz gegen Angriffe und als treuer Freund. Er kann aber auch Symbol für Aggressionen darstellen." (Günter Harnisch). – „Die sexuelle Bedeutung von Hunden im Traum erhellt wohl aus ihrer Eigenart, sexuelle Handlungen in aller Öffentlichkeit zu vollziehen ..." (Georg Fink)

für das er keine Milch besitzt. Er nimmt es in die Schnauze und geht auf Milchsuche.

> Im Wö. d. dt. Spr. v. Be. hat „Schnau-
> ze" an erster Stelle die Bedeutung von
> „(bei manchen Tieren, besonders Hun-
> den) Maul und Nase" und an zweiter
> Stelle (derb) von „Mund".

Wo läuft er zuerst hin? Das ist einfach. In den Keller. Warum? Das möchte ich auch gerne wissen.

> Wohl als ein Hinweis darauf zu werten,
> dass ich das, was ich schrieb, nicht ver-
> stand.

Vielleicht ist er ein Optimist und hofft, eine säugende Ratte zu treffen.

> „Ratten im Traum sind Warnsignale.
> Sie können nagende, fruchtlose Zweifel
> des Träumenden symbolisieren ..."
> (Günter Harnisch)

Ratten aber sind heute leider Mangelware. Man hat mit ihnen den Reaktor angesteckt,

> Der letzte Satz ist sicherlich zu verste-
> hen im Sinne von: Man hat mit ihnen
> die Tierversuche gestartet (denn beim
> Tierversuch testet man die Reaktionen
> des betreffenden Tieres).

ohne Rücksicht auf ihre engeren Bindungen.

> Nämlich der „säugenden Ratte". – Im
> Wö. d. dt. Spr. v. Be. hat „Bindung" an
> erster Stelle die Bedeutung von „das
> Gebundensein, Verbundensein, das Sich-
> binden, bindende Beziehung".

So vergeht dem müden Hund bald sein Optimismus, denn ihm begegnen nur nach Milch und
Mutter schreiende Rattenkinder, die seinem eigenen Kind nicht helfen können. Er hat Angst.
Wohin jetzt? Eine kalte Winternacht breitet ihren
weißen Schleier über die schmutzige Welt.

> Zu „Winter" bzw. Eis heißt es bei Gün-
> ter Harnisch unter anderem: „Eis in der
> Traumlandschaft informiert über das
> Einfrieren von Beziehungen, über seeli-
> sche Kälte und die Gefahr der Verein-
> samung des Träumenden …" – „Die
> Nacht stellt im Traum den gesamten
> Bereich des Unbewussten dar, der im
> Dunkeln liegt." (Günter Harnisch). – Im
> Wö. d. dt. Spr. v. Be. bedeutet
> „schmutzig" an zweiter Stelle „unan-
> ständig" und an dritter Stelle „niedrig,
> gemein". – Im gleichen Wörterbuch hat
> „Welt" an zweiter Stelle die Bedeutung

von ,,Leben (auf der Erde), Ablauf des Geschehens (auf der Erde)".

Sie hat nichts übrig für einen frierenden Hund mit einem sterbenden Kind. Hunde, Hunde, helft eurem Kameraden, schützt eure Art, lasst ein Hundekind nicht sterben!
Wie Schatten huschen sie durch die Nacht

> Im Wö. d. dt. Spr. v. Be. hat ,,Schatten" an dritter Stelle die Bedeutung von ,,dunkler Fleck, dunkle Erscheinung".

und durchschweifen mit den Schnauzen am Boden das Land.

> ,,Der Blick auf eine Landschaft symbolisiert in der Sprache unserer Träume meist die Lebensperspektiven des Träumenden. Sie sind so beschaffen, wie sich ihm die Traumlandschaft präsentiert ..." (Günter Harnisch)

Am Morgen bringen sie eine Kuh,

> ,,Der Morgen, die Morgendämmerung, die Morgenröte, der Sonnenaufgang – diese Zeitangaben im Traum haben positive Bedeutung. Etwas Wesentliches rückt in das Bewusstsein des Träumenden." (Günter Harnisch). – ,,Im Traum

ist die Kuh meist ein Sinnbild umsorgender mütterlicher Weiblichkeit ...“ (Günter Harnisch)

die Milch hat,

> „Milch im Traum deutet auf den nährenden und sorgenden Aspekt des Weiblichen hin. Im übertragenen Sinne bedeutet Milch, die jemand im Traum trink, eine Zufuhr von Wissen und Erkenntnis. Diese Bedeutung drückt sich beispielsweise in der alten Bezeichnung Alma Mater – das bedeutet im Lateinischen soviel wie nährende Mutter – für die Universität aus.“ (Günter Harnisch)

und verstecken sie unauffindbar im Zentrum ihres Hundereiches. Sie stehen Wache und verwehren jedem mit gefletschten Zähnen den Zutritt.

> „Zahnträume deuten auf die Thematik der Lebensvitalität hin. Mit dem Ausfallen der Zähne im Alter verbindet sich die Vorstellung von Potenzverlust nicht nur im sexuellen Bereich.“ (Günter Harnisch). – „Fast eindeutig sexuell sind Zahnträume ...“. (Ernst Aeppli)

Das Kind gedeiht in ihrer Obhut und wächst zu einem starken Hund heran, der wie ein Schatten einst wieder die dunkle Nacht durchschweifen wird auf der Suche nach Milch. Wie Schatten durchschweifen im weißen Schnee die Hunde das Land.

> ➤ „... *Sonst aber ist es in der Seele kalt, wenn man von Eis und Schnee träumt ...*" (Ernst Aeppli).

–

Nun, um es auch zu sagen, ich bin wieder in Krefeld, leider. Zu Hause hat sich wahrhaftig nichts verändert: ein riesengroßer sturer Betrieb, der häkelt und spinnt. Spannungen zwischen meinen Eltern und mir, die nur dadurch aus der Welt zu schaffen sind, dass ich bald – erst im Januar – wieder weggehe.

Ich habe meinen Angehörigen, meinen Eltern und Geschwistern verboten, mir zu Weihnachten, wie man es vorhatte, größere Geschenke zu machen. Ich mag das nicht, das von der Barmherzigkeit anderer abhängige Leben. Töricht eigentlich und so kindlich, aber ich habe eine enorme Abneigung gegen so was und werde diese Abneigung auch nicht aufgrund einer zweckgerichteten Überlegung aufgeben. Lasst mir meinen Spleen, auch den, der das Honnefer Modell zum Teufel und in die Taschen wohlhabender Kommilitonen gejagt hat.

> Zu Beginn meines Medizinstudiums hatte ich den Entschluss gefasst, mir das Geld fürs Studium und für meinen Lebensunterhalt selbst zu verdienen. Später stellte ich aber fest, dass dieses nicht möglich war, und ich beantragte und erhielt eine finanzielle Hilfe vom Staat nach dem Honnefer Modell, ähnlich dem heutigen BAföG.

Ein Spleen halt, der aber meinem Wesen und meiner Arbeit sehr viel einbringt.

Meine Wirtin schenkte mir bei der Abfahrt eine Flasche Wein und bat mich, diese erst Heiligabend zu öffnen. Wir werden uns um 20:00 Uhr zuprosten.

Der Herrscher sagte zur Herrscherin: Luise, wo ist meine Unterhose.

> Wie ich dazu kam, dieses zu schreiben, weiß ich nicht mehr.

Ich werde jetzt schlafen gehen. Gute Nacht, mein
G.-Kind, und träume von mir. Ich bin wahnsinnig
müde.

<u>20. Dezember 1960</u>

Ein Tag weiter

Ich liege zuhause im Bett, mein altes Zimmer hat viel von seinem würdigen Rahmen verloren, es gleicht einer Räuberhöhle, einem Durchgangslager für Flüchtende oder dem verlassenen Schrottplatz. Tausend Dinge sind neben zwei Betten hineingestellt worden, ohne Geschmack alles das, was anderswo nicht zu gebrauchen ist. Der Boden ist ein einziges Papier-Tapeten-Chaos, das ich aber selbst beim Tapezieren des Treppenhauses verursacht habe.

Der Tag im kalten Treppenhaus war lang, stumpfsinnig wie schon vorher erwähnt das Leben hier. Keine Extravaganz, kein „aus der Rolle fallen", alles geht seinen jahrzehntealten, festgefahrenen Gang: die gleichen potenzarmen Gesichter, sich dauernd wiederholende Schimpfworte und Witze, die alten Reaktionen auf provozierende Äußerungen, ein und derselbe Trott von morgens bis abends. Ich ersehne den Tag, wo Buschstraße 215 dem Rücklicht meiner Isetta Adieu sagt. Ich bin, das ist nicht übertrieben, etwas zu anspruchsvoll für diese bürgerlich, klein-, kleinstbürgerlich häuslichen Verhältnisse geworden.

Eben war ich beim Werner B., um ihm P.'s Bitte, namhafte Referenten für seine politische Arbeitsgemeinschaft zu besorgen, vorzutragen. Außerdem sollte die Korrespondenz innerhalb der Klasse geregelt werden, niemand weiß, wer wem schreibt. Werner wusste schon von dem B.'schen Fakultätswechsel. Ich bin erstaunt. Alle erhalten Post von ihr und wissen genauestens Bescheid. Scheiß der Hund drauf.

Es hat sich was mit, ja, mit was denn? Er fängt an mit dem ersten Wort, ohne das letzte noch die folgenden zu kennen. So tief gesunken ist er, dass außer dem schizophrenen Stil, der Philosophie und dem Leben keine Probleme und keine wertvollen Gedanken mehr zu finden sind. Und dazu ist immer die maßlose Müdigkeit, wenn ich dieses Buch nehme. Es ist dann spät, der Tag fault schon im Grab, die Nacht feiert Hochzeit im alten Försterhaus. Eigentlich müsste ich mir etwas mehr ausgeruhte Zeit für meine Produktivität nehmen. Aber das ist nicht einfach, wo die Stunden am Tag ganz im Dienste meines Broterwerbs und des Studiums stehen. Schön wär's (ich lüge etwas). Aber wo ist der Mensch, der nicht manchmal mit einem grässlichen Fluch zwischen den Lippen abschaltet oder sich mit nebensächlichen Dingen beschäftigt, um die Zeit auszufüllen oder dösend totzumachen.

Wenn einer, vielleicht ein Metzger, um Mitternacht hustet, ist das ein schlimmes Zeichen. Kurz vor dem entscheidenden Schritt platzte er vor Neugierde. Das war sein Verderb. Oft hatten ähnliche Dinge bei Mondschein geirrt, doch selten diese. Und so fassten sie zusammen: Unter diesen äußerst gewichtigen Umständen ist kein Zwerg zu klein und kein Riese zu groß. Fehlt es an Kleidern, gehe man zum Heeresschneider und lasse sich was spinnen. Weniger als eine große Rechnung wird zu erwarten sein, denn bei Schnee sind die Straßen glatt und der Küster hat Saison.

<u>Aufgliederung des Textes</u>

Einen Tag weiter.
Ich liege zu Hause im Bett. Mein altes Zimmer hat viel von seinem würdigen Rahmen verloren. Es gleicht einer Räuberhöhle, einem Durchgangslager für Flüchtende oder dem verlassenen Schrottplatz. Tausend Dinge sind neben zwei Betten hineingestellt worden, ohne Geschmack alles das, was anderswo nicht zu gebrauchen ist. Der Boden ist ein einziges Papier-Tapeten-Chaos, das ich aber selbst beim Tapezieren des Treppenhauses verursacht habe.
Der Tag im kalten Treppenhaus war lang – und stumpfsinnig, wie, schon vorher erwähnt, das

Leben hier. Keine Extravaganz, kein „aus der Rolle fallen“, alles geht seinen jahrzehntealten, festgefahrenen Gang: die gleichen potenzarmen Gesichter, sich dauernd wiederholende Schimpfworte und Witze, die alten Reaktionen auf provozierende Äußerungen, ein und derselbe Trott von morgens bis abends. Ich ersehne den Tag, wo Buschstraße 215 dem Rücklicht meiner Isetta Adieu sagt. Ich bin, das ist nicht übertrieben, etwas zu anspruchsvoll für diese bürgerlich, klein-, kleinstbürgerlich häuslichen Verhältnisse geworden.

Eben war ich beim W. B., um ihm P.'s Bitte, namhafte Referenten für seine politische Arbeitsgemeinschaft zu besorgen, vorzutragen. Außerdem sollte die Korrespondenz innerhalb der Klasse geregelt werden. Niemand weiß, wer wem schreibt. W. wusste schon von dem B.'schen Fakultätswechsel. Ich bin erstaunt. Alle erhalten Post von ihr und wissen genauestens Bescheid. Scheiß der Hund drauf!

—

Es hat sich was mit – ja, mit was denn?

Er fängt an mit dem ersten Wort, ohne das letzte noch die folgenden zu kennen! So tief gesunken ist er, dass außer dem schizophrenen Stil, der Philosophie und dem Leben keine Probleme und keine wertvollen Gedanken mehr zu finden sind!

Und dazu ist immer die maßlose Müdigkeit, wenn ich dieses Buch nehme. Es ist dann spät, der Tag fault schon im Grab ...

Die Nacht feiert Hochzeit im alten Försterhaus!

Eigentlich müsste ich mir etwas mehr ausgeruhte Zeit für meine Produktivität nehmen. Aber das ist nicht einfach, wo die Stunden am Tag ganz im Dienste meines Broterwerbs und des Studiums stehen.

Schön wär's!

Ich lüge etwas. Aber wo ist der Mensch, der nicht manchmal mit einem grässlichen Fluch zwischen den Lippen abschaltet oder sich mit nebensächlichen Dingen beschäftigt, um die Zeit auch manchmal ausfüllend oder dösend totzumachen.–

Wenn einer, vielleicht ein Metzger, um Mitternacht hustet, ist das ein schlimmes Zeichen.

Kurz vor dem entscheidenden Schritt platzte er vor Neugierde! Das war sein Verderb!

Oft hatten ähnliche Dinge bei Mondschein geirrt, doch selten diese. Und so fassten sie zusammen:

Unter diesen äußerst gewichtigen Umständen ist kein Zwerg zu klein und kein Riese zu groß!

Fehlt es an Kleidern, gehe man zum Heeresschneider und lasse sich was spinnen. Weniger als eine große Rechnung wird (nicht) zu erwarten sein, denn bei Schnee sind die Straßen glatt und der Küster hat Saison.

Deutung
  ➢ Der zweite Teil dieses Tagebucheintrags ist teilweise inspiriert, der dritte Teil gänzlich.

Einen Tag weiter.
Ich liege zu Hause im Bett. Mein altes Zimmer hat viel von seinem würdigen Rahmen verloren. Es gleicht einer Räuberhöhle, einem Durchgangslager für Flüchtende oder dem verlassenen Schrottplatz. Tausend Dinge sind neben zwei Betten hineingestellt worden, ohne Geschmack

alles das, was anderswo nicht zu gebrauchen ist. Der Boden ist ein einziges Papier-Tapeten-Chaos, das ich aber selbst beim Tapezieren des Treppenhauses verursacht habe.

Der Tag im kalten Treppenhaus war lang – und stumpfsinnig, wie, schon vorher erwähnt, das Leben hier. Keine Extravaganz, kein „aus der Rolle fallen", alles geht seinen jahrzehntealten, festgefahrenen Gang: die gleichen potenzarmen Gesichter, sich dauernd wiederholende Schimpfworte und Witze, die alten Reaktionen auf provozierende Äußerungen, ein und derselbe Trott von morgens bis abends. Ich ersehne den Tag, wo Buschstraße 215 dem Rücklicht meiner Isetta Adieu sagt. Ich bin, das ist nicht übertrieben, etwas zu anspruchsvoll für diese bürgerlich, klein-, kleinstbürgerlich häuslichen Verhältnisse geworden.

Eben war ich beim W. B., um ihm P.'s Bitte, namhafte Referenten für seine politische Arbeitsgemeinschaft zu besorgen, vorzutragen. Außerdem sollte die Korrespondenz innerhalb der Klasse geregelt werden. Niemand weiß, wer wem schreibt. W. wusste schon von dem B.'schen Fakultätswechsel. Ich bin erstaunt. Alle erhalten Post von ihr und wissen genauestens Bescheid. Scheiß der Hund drauf!

–

Es hat sich was mit – ja, mit was denn?

Er fängt an mit dem ersten Wort, ohne das letzte noch die folgenden zu kennen!

> Im Wörterbuch der deutschen Sprache von Bertelsmann (Wö. d. dt. Spr. v. Be.) hat „noch" an fünfter Stelle die Bedeutung von „zusätzlich, außerdem".

So tief gesunken ist er, dass außer dem schizophrenen Stil, der Philosophie und dem Leben keine Probleme und keine wertvollen Gedanken mehr zu finden sind!

> Ich hatte damals den Glauben an eine geistige Existenz des Menschen verloren und war der Ansicht, dass wir lediglich reagierende materielle Wesen seien. So war auch mein Interesse daran erloschen, mich geistig besonders hervorzutun. Da aber fast immer ein Drängen da war, mich hinzusetzen und zu schreiben, ich aber keine Lust hatte, ernsthaft ein Thema abzuhandeln, begann ich einen Text oft mit Worten, die mir gerade einfielen oder die ich aus

meinen augenblicklichen Umständen ableitete. Dann folgte meist ein Gedankenfluss, der eine gewisse Zeit anhielt und dann wieder abrupt endete. Ich konnte ihn mir nicht erklären. Erst bei einer Durchsicht meiner Tagebuchtexte nach etwa 50 Jahren stellte ich fest, dass sie größtenteils inspiriert und mithilfe von Symbolen, Synonymen und anderem verschlüsselt waren. Von der Traumsymbolsprache hatte ich damals sozusagen noch keine Ahnung. Mit ihr beschäftigte ich mich erst Jahrzehnte später.

Und dazu ist immer die maßlose Müdigkeit, wenn ich dieses Buch nehme.

> ➤ Möglicherweise auch in Verbindung zu bringen mit einer sich unbewusst anbahnenden Entspannung im Vorfeld einer Inspiration.

Es ist dann spät, der Tag fault schon im Grab ...

Die Nacht feiert Hochzeit im alten Försterhaus!

> „Die Nacht stellt im Traum den gesamten Bereich des Unbewussten dar, der im Dunkeln liegt." (Günter Harnisch). – Synonyme für „Hochzeit" sind nach dem Duden unter anderem „Blütezeit, Höhepunkt, hohe Zeit". – Nach dem Wö. d. dt. Spr. v. Be. hat „alt" unter anderem die Bedeutung von „aus einer früheren Zeit stammend". – Im gleichen Wörterbuch wird „Förster" definiert als „jemand, dem (nach Fachausbildung und praktischer Tätigkeit) die Pflege des Wald- und Wildbestands in einem Forst obliegt." – In meinen inspirierten Tagebuchtexten symbolisiert der Förster den Hüter unseres Unbewussten. – „Alle im Traum auftretenden Menschen können bestimmte Seiten der Persönlichkeit des Träumenden verkörpern. Während Bekannte auf vertraute Wesenszüge und Verhaltensweisen hinweisen, symbolisieren Fremde die unbekannten oder verdrängten Persönlichkeitsaspekte ..." (Günter Har-

nisch). – „Das Haus stellt im Traum das Gehäuse der Seele dar ..." (Günter Harnisch)

Eigentlich müsste ich mir etwas mehr ausgeruhte Zeit für meine Produktivität nehmen. Aber das ist nicht einfach, wo die Stunden am Tag ganz im Dienste meines Broterwerbs und des Studiums stehen.

Schön wär's!

Ich lüge etwas. Aber wo ist der Mensch, der nicht manchmal mit einem grässlichen Fluch zwischen den Lippen abschaltet oder sich mit nebensächlichen Dingen beschäftigt, um die Zeit auch manchmal ausfüllend

> ➢ ... um die Zeit auch manchmal damit ausfüllend

oder dösend totzumachen.

Wenn einer, vielleicht ein Metzger, um Mitternacht hustet, ist das ein schlimmes Zeichen.

> ➢ „Alle im Traum auftretenden Personen können bestimmte Aspekte der Persönlichkeit des Träumenden wiedergeben ..." (Günter Harnisch). – Der Metzger

arbeitet mit dem Messer, und zu Messer schreibt Günter Harnisch unter anderem: „… Häufig deutet es im Traum im übertragenen Sinne auf ein gedankliches Zerteilen, also ein Analysieren und Differenzieren hin …" – Damals rauchte ich viel, womit der nächtliche Husten erklärt wäre.

Kurz vor dem entscheidenden Schritt platzte er vor Neugierde!

> ➢ Mit dem „entscheidenden Schritt" ist wohl der Entschluss gemeint, die Nachfolge Jesu anzutreten. denn „Jesus spricht zu ihm: Ich bin der Weg und die Wahrheit und das Leben; niemand kommt zum Vater denn durch mich." (Johannes 14:6)

Das war sein Verderb!

> ➢ Nämlich mein ständiges Hinterfragen, was letztlich dazu führte, dass ich meinen Glauben an eine geistige Existenz verlor und begann, zumeist nur das ins Tagebuch zu schreiben, was mir gerade einfiel.

Oft hatten ähnliche Dinge bei Mondschein geirrt,

doch selten diese. Und so fassten sie zusammen:

Unter diesen äußerst gewichtigen Umständen ist kein Zwerg zu klein und kein Riese zu groß!

Fehlt es an Kleidern,

gehe man zum Heeresschneider und lasse sich was spinnen. Weniger als eine große Rechnung wird (nicht) zu erwarten sein, denn bei Schnee sind die Straßen glatt und der Küster hat Saison.

➢ „nicht" wurde eingefügt. – Zu „Schnee" beziehungsweise Eis schreibt Günter Harnisch unter anderem: „Eis in der Traumlandschaft informiert über das Einfrieren von Beziehungen, über seelische Kälte und die Gefahr der Vereinsamung des Träumenden ..." – „... Sonst aber ist es in der Seele kalt, wenn man von Eis und Schnee träumt. Die Winterlandschaft hat etwas Großes und Erschreckendes ..." (Ernst Aeppli). – „Straßen oder Wege erscheinen im Traum als Symbole des Lebenswegs ..." (Günter Harnisch). – Nach dem Wö. d. dt. Spr. v. Be. hat „Saison" unter anderem die Bedeutung von „Hauptgeschäftszeit, Hauptbetriebszeit".

Und wieder ein Tag weiter, den 22.12., 0:30 Uhr. Man lacht mitunter, lacht in den Spiegel, über einen Witz, über sich selbst, über andere. Mitunter lacht man auch nicht, so bei ernsten Anlässen, beim Philosophieren, beim Graben und Essen und auf dem Klosett. Dann gibt es Fälle, wo man einfach nichts zu lachen hat. Diese sind meist dramatisch, wenn nicht tragisch, denn sie führen zu einer Konsequenz, die oft unlieb ist und ein persönliches Schicksal ganz neu färben oder entfärben kann. Dies alles ist aufs engste mit dem Menschen verbunden und steht in der Wechselbeziehung Subjekt – Objekt des Augenblicks.

Ein Tag, an dem ich wieder oft an meine G. gedacht habe – ist sie noch mein – hat sie vielleicht lautlos jene unheilvolle Trennung in den Armen eines anderen vollzogen mit der blassen Erinnerung an eine aufreibende, unglückliche und von ihr wahnwitzige Liebe? Ich kann es mir nicht vorstellen, und doch werde ich jedes Mal bei diesem Gedanken an einen fetten Ziervogel, der dem G. ein „mitleidiges Küsslein" geben könnte, erinnert oder an den Handkuss, den sie einem Jungen in Neudüsselthal gab. Unbarmherzig ist das Schicksal, und ich glaube, schade, dass ich bei ihr berechnend sein muss, eine längere Passivität meinerseits entfernt sie mehr und mehr.

Eben war ich im Kino. H., seine Schwester und noch ein anderes Mädchen holten mich ab. Die Ballonfahrt. Recht ordentlich und einfallsreich. Großartige Aufnahmen, tragisch-komische Szenen, spannend, und so einfach, wundervoll einfach. Keine Kulissen aus Pappe und wohlgeformten Reden, Natur und Mensch in ihrer urtümlichen Beziehung. Von einem aus dem Korb hängenden Anker wird eine Wäscheleine mit Damenunterbekleidung hochgerissen. Als die Ballonfahrer es bemerkten, waren sie schon in enormer Höhe. Nacheinander lösen sich die einzelnen Stücke von der Leine, das letzte Hemd beginnt, von den Händen des Großvaters losgelassen, im Walzertakt seinen Tanz zur Erde zurück.

In einem südfranzösischen Städtchen vertreibt sich der motorisierte Begleiter der beiden Ballonfahrer die Wartezeit beim Stierkampf, aktiv daran teilnehmend. Der Ballon kommt an und landet. In dem Augenblick, wo Neugierige den Korb halten und der Großvater entsteigt, kommt der Begleiter im wahnsinnigen Tempo angerast, hinter ihm noch schneller der Stier, der auf die um den Ballon versammelten Menschen zusteuert. Allgemeines Entsetzen und panische Flucht. Der Ballon, jetzt frei, entschwebt mit dem kleinen

Jungen, trägt ihn weit fort, ins gefährliche Gebirge, zur See, in die weite Ebene der Salzseen. Ein riesiges Abenteuer, das durch den Absprung des Jungen in Erdnähe glücklich endet.
Heute Morgen war ich für Holtmann in Rheinhausen, wo ein Aufzug angeblich Mängel hatte. Anschließend arbeitete ich bis abends bei uns zu Hause.

(Tag)

Ich hoffe, dass G. in den nächsten Tagen anruft oder irgendein anderes Lebenszeichen von sich gibt. Ich bin fest entschlossen – wie hohnvoll und nüchtern das klingt! – sie bei der nächstbesten Gelegenheit zu verlassen. Das ist nicht mit diesen paar Worten erledigt, es werden noch schlimme Zeiten hinterher für mich sein, schlimmer vielleicht und voll Schuldgefühl als bisher die grausamen Monate, die sie bedenkenlos zum Opfer ihrer wahnwitzigen Vorstellungen gemacht hat. Wochen und Monate waren es, die nicht allein unausgefüllt durch eine so missverstandene Liebe und verachtete und totgeschwiegene Empfindung vergingen, die auch wirklich eine Zeit waren, wo ich immer wieder von einem ganz neutralen G.-chen etwas wissen wollte und nichts erfuhr. Der grässlichste Gedanke war immer, sie könnte sterben oder schon gestorben sein, ohne dass man mich, den Schmutzfink, den Experimentator, den albernen Menschen etwas wissen ließ. Sie könnte tot sein und ihr Grab überwuchert von wildem Gras, ich wüsste es nicht, machte ihr dauernd noch Vorwürfe, nicht zu schreiben.

Aufgliederung des Textes und Erläuterung

Und wieder einen Tag weiter, den 22. Dezember, 0:30 Uhr.

Man lacht mitunter, lacht in den Spiegel, über einen Witz, über sich selbst, über andere. Mitunter lacht man auch nicht, so bei ernsten Anlässen, beim Philosophieren, beim Graben und Essen und auf dem Klosett. Dann gibt es Fälle, wo man einfach nichts zu lachen hat. Diese sind meist dramatisch, wenn nicht tragisch, denn sie führen zu einer Konsequenz, die oft unlieb ist

> *... die einem oft unlieb ist*

und ein persönliches Schicksal ganz neu färben oder entfärben kann. Dies alles ist aufs engste mit dem Menschen verbunden und steht in der Wechselbeziehung Subjekt – Objekt des Augenblicks.

Ein Tag, an dem ich wieder oft an meine G. gedacht habe. Ist sie noch mein – hat sie vielleicht lautlos jene unheilvolle Trennung in den Armen eines anderen vollzogen, mit der blassen Erinnerung an eine aufreibende, unglückliche und – von ihr gesehen – wahnwitzige Liebe? Ich kann es mir nicht vorstellen, und doch werde ich jedes Mal bei diesem Gedanken an einen fetten Ziervogel, der dem G. ein „mitleidiges Küsslein" geben könnte, erinnert, oder an den Handkuss, den sie einem Jungen in Neu-Düsseltal gab. Unbarmherzig ist das Schicksal, und ich glaube, ...

Schade!

> *Wohl inspiriert*

... dass ich bei ihr berechnend sein muss – eine längere Passivität meinerseits entfernt sie mehr und mehr.

> *Bei meiner Beziehung zu G. war ich immer davon ausgegangen, dass sie, einmal begründet, Bestand haben müsse, auch ohne wiederkehrende Liebesbeteuerungen meinerseits. Mit letzteren war ich nach meiner Erinnerung eher zurückhaltend. Ich war der Meinung,*

die einmalige Entscheidung für die Partnerin genüge, und man habe dann wieder voll die Möglichkeit, sich seinen eigenen Zielen zuzuwenden. Heute denke ich, dass die Wertschätzung der Partnerin und die Zuneigung zu ihr immer wieder zum Ausdruck gebracht werden muss.

Eben war ich im Kino. H., seine Schwester und noch ein anderes Mädchen holten mich ab. „Die Ballonfahrt". Recht ordentlich und einfallsreich. Großartige Aufnahmen, tragisch-komische Szenen, spannend und so einfach, wundervoll einfach. Keine Kulissen aus Pappe und wohlgeformten Reden. Natur und Mensch in ihrer urtümlichen Beziehung: Von einem aus dem Korb hängenden Anker wird eine Wäscheleine mit Damenunterbekleidung hochgerissen. Als die Ballonfahrer es bemerkten, waren sie schon in enormer Höhe. Nacheinander lösen sich die einzelnen Stücke von der Leine. Das letzte Hemd beginnt, von den Händen des Großvaters losgelassen, im Walzertakt seinen Tanz zur Erde zurück.

In einem südfranzösischen Städtchen vertreibt sich der motorisierte Begleiter der beiden Ballonfahrer die Wartezeit beim Stierkampf, aktiv daran teilnehmend. Der Ballon kommt an und landet. In dem Augenblick, wo Neugierige den Korb halten und der Großvater entsteigt, kommt der Begleiter im wahnsinnigen Tempo angerast, hinter ihm, noch schneller, der Stier, der auf die um den Ballon versammelten Menschen zusteuert. Allgemeines Entsetzen und panische Flucht. Der Ballon, jetzt frei, entschwebt mit dem kleinen Jungen, trägt ihn weit fort, ins gefährliche Gebirge, zur See, in die weite Ebene der Salzseen. Ein riesiges Abenteuer, das durch den Absprung des Jungen in Erdnähe glücklich endet.

Heute Morgen war ich für Holtmann in Rheinhausen, wo ein Aufzug angeblich Mängel hatte. Anschließend arbeitete ich bis abends bei uns zu Hause.

<u>(Tag)</u>

Ich hoffe, dass G. in den nächsten Tagen anruft oder irgendein anderes Lebenszeichen von sich gibt. Ich bin fest entschlossen – wie hohnvoll und nüchtern das klingt! – sie bei der nächstbesten Gelegenheit zu verlassen. Das ist nicht mit diesen paar Worten erledigt. Es werden noch schlimme Zeiten hinterher für mich sein, schlimmer vielleicht und voll Schuldgefühl als bisher die grausamen Monate, die sie bedenkenlos zum Opfer ihrer wahnwitzigen Vorstellungen gemacht hat. Wochen und Monate waren es, die nicht allein unausgefüllt durch eine so missverstandene Liebe und verachtete und totgeschwiegene Empfindung vergingen, die auch wirklich eine Zeit waren, wo ich immer wieder von einem ganz neutralen G.chen etwas wissen wollte und nichts erfuhr. Der grässlichste Gedanke war immer, sie könnte sterben oder schon gestorben sein, ohne dass man mich, den Schmutzfink, den Experimentator, den albernen Menschen, etwas wissen ließ. Sie könnte tot sein und ihr Grab überwuchert von wildem Gras, ich wüsste es nicht, machte ihr dauernd noch Vorwürfe, nicht zu schreiben.

<u>23. Dezember 1960</u>

Der Gesang der Zeit hat sich zur Erde herabgelassen. Er wiehert vor Vergnügen, als er seinen Verwandten, den alten Esel, sieht. Man möchte sagen, es hätte nicht so kommen sollen. Doch, wie so oft bei diesen Gelegenheiten, ist niemand da, der Anstoß daran nimmt und dem Meister das alte Pferd putzt. Trösten Sie sich. Vor langen Jahren hat man die Zukunft geschmiedet und die Gegenwart zur Vergangenheit gemacht. Ein lustiges Spiel, niemand nahm es Ernst, die Welt arbeitete für den Fortschritt. Manchmal, in den Nächten der Einsamkeit, fand man sich zurück in die Armut der Empfindung, in den witzigen Glauben an seine Größe. Der Winter hat seinen Schlaf abgebrochen, die Bewegung der Dünen ist der Kalkulation verlorengegangen. Unvorstellbar, das Geschick des kleinen Mannes hat Urlaub gemacht. Ich bürge für die Potenz und nenne das Kind meine Liebe, den Herrn der Gewitter und der Blutspuren. Man unterscheidet eine gewöhnliche und eine ungewöhnliche Form. Welche wählen wir uns? Oder wählen wir uns selbst? – Oder wählen wir uns selbst nicht? Ich möchte niemandem zu nahe treten, denn die Segmentierung ist phylogenetisch von erheblicher Wichtigkeit – So was ist gewiss ungewöhnlich, hat eben jenen inneren Reiz, den wir zu oft am Rathaus sehen und übersehen. Aber die Weihnachtsgrüße blieben dennoch ungeschrieben. Wer gibt den Grund an? Zuerst war die Welt, dann kam die Welt und was wird dann sein? Ich wage nicht, mir zu widersprechen. Eine Sinnlosigkeit hat neben dem vernünftigen, gerade für uns, den Kindern der wachsenden Naturwissenschaften, Alltag eine zweite gepflanzt und eine dritte. Ich bejammere nicht mein Dasein, suche nur Erfolg für mich und meine Vorstellung. Was geschähe, wenn ich jetzt aufhörte zu schreiben, mich faul ins Bett legte und die Stunden der Berührung segnete. Vielleicht ein Witz, aber Atrophie bestimmter wesentlicher Substanzen und Einrichtungen sicherlich.

Es hat ein einfacher Schmerz ein großes Loch in mein Leben gerissen. Ich schmiere es zu mit Kot und bepflanze es mit Himbeeren. Zaungast Nr. 1 ist der König. Mit ihm erschienen die 4. und 5. Auflage in rascher Aufeinanderfolge. Das spricht für den Sommer, oder die Zeit der Ernte hat die Müllabfuhren getadelt. Ich stelle vor:
die seekranke Vergangenheit
den opponierenden Frosch
das Radieschen aus rosaroter Nacht
die alte Putzfrau und
die Eintagsfliege
Wie empfänglich doch der Mensch ist und wie vom Wahnsinn besessen die urkomische Meute

der Hohen Priester. Denn wenn das Essen angebrannt ist, riechen es meist die Hausbewohner
und machen sich ihre Gedanken darüber, die
genannten Personen werden der Raumnot halber Abkürzungen zu Mittag haben. Nicht immer
kann es vergessene Fahrräder geben. Die Diskussion über Sinnlosigkeit, bald werde ich das Wort
wohl abschaffen müssen, ist so sinnlos wie die
Hoffnung auf einen Himmel. Mein erbärmlichstes Kleid ist meine Haut. Sie spricht nur Frauen
an, und Männer, wenn sie unter ein vornehmes,
Achtung heischendes Schwarz verborgen bleibt.
Manchmal jedoch, das sind die Weisen oder
würdigen Herren, wird sie vernachlässigt.
Meine Frau ist ein Scherz, ich müde und die
Nacht zum Schlafen da. – Der Fisch geht seinen
Weg durch die Leiber kurzer Epochen, das Auto
oder die falsche und fehlerhafte Konstruktion
schäumt vor Wut, ein Mastschwein fehlt noch,
der letzte der Abkömmlinge liegt im Sterben. Es
ist der Song der losen Augen, die Erniedrigung
einer kaum erahnten Welt. Ein Student und ein
Professor haben im Sommer die Wärme entnommen und sie zwecks Untersuchung in den
Nachthimmel entsandt. Da ist sie gut aufgehoben, sie läuft auf heißen Rädern die acht Stunden
der Vorschrift, gibt mitunter Zeichen und lacht
über den alten Überrumpelungstrick, der kaum
angewandt die Welt und Zeit in das Chaos des

Unverständnisses stürzt. So begann ich heute eine Betrachtung über die Unmöglichkeit der reinen Kunst und sah den Mist faulen und die Leiber zu meinem Ergötzen. Man verlangt logische Beweisführungen, und die es verlangen, sind Menschen, welche aus ihrer Sinneswelt den Tod in die obskure Form der hageren und bleichen Knochen gezwängt haben. Ein Knochen, ein zweiter, sie tragen insgesamt dieses Bild des Schreckens, des endgültigen Verlorenseins — oder, die Welt wiederholt die Reihenfolge, eine blasse, so traumhaft schöne Theorie, an der die Systematik etwas zu scharf ist. Gute Nacht.

<u>Aufgliederung des Textes</u>

Der Gesang der Zeit hat sich zur Erde herabgelassen. Er wiehert vor Vergnügen, als er seinen Verwandten, den alten Esel sieht.

Man möchte sagen, es hätte nicht so kommen sollen!

Doch, wie so oft bei diesen Gelegenheiten, ist niemand da, der Anstoß daran nimmt und dem Meister das alte Pferd putzt.

288

Trösten Sie sich! Vor langen Jahren hat man die Zukunft geschmiedet und die Gegenwart zur Vergangenheit gemacht!

Ein lustiges Spiel!

Niemand nahm es ernst! Die Welt arbeitete für den Fortschritt! Manchmal, in den Nächten der Einsamkeit, fand man sich zurück in die Armut der Empfindung!

In den witzigen Glauben an seine Größe.

Der Winter hat seinen Schlaf abgebrochen! Die Bewegung der Dünen ist der Kalkulation verlorengegangen!

Unvorstellbar! Das Geschick des kleinen Mannes hat Urlaub gemacht.

Ich bürge für die Potenz und nenne das Kind meine Liebe!

Den Herrn der Gewitter und der Blutspuren?!

Man unterscheidet eine gewöhnliche und eine ungewöhnliche Form!

Welche wählen wir uns? Oder wählen wir uns selbst? – Oder wählen wir uns selbst nicht?

Ich möchte niemandem zu nahe treten, denn die Segmentierung ist phylogenetisch von erheblicher Wichtigkeit!

So was ist gewiss ungewöhnlich, hat eben jenen inneren Reiz, den wir zu oft am Rathaus sehen und übersehen. Aber die Weihnachtsgrüße blieben dennoch ungeschrieben.

Wer gibt den Grund an?

Zuerst war die Welt, dann kam die Welt. Und was wird dann sein?

Ich wage nicht, mir zu widersprechen.

Eine Sinnlosigkeit hat – gerade für uns, den Kindern der wachsenden Naturwissenschaften – neben dem vernünftigen Alltag eine zweite gepflanzt und eine dritte. Ich bejammere nicht mein Dasein, suche nur Erfolg für mich und meine Vorstellung. Was geschähe, wenn ich jetzt aufhörte zu schreiben, mich faul ins Bett legte und die Stunden der Berührung segnete?

Vielleicht ein Witz! Aber Atrophie bestimmter wesentlicher Substanzen und Einrichtungen sicherlich!

Es hat ein einfacher Schmerz ein großes Loch in mein Leben gerissen. Ich schmiere es zu mit Kot und bepflanze es mit Himbeeren. Zaungast Nr. 1 ist der König. Mit ihm erschienen die 4. und 5. Auflage in rascher Aufeinanderfolge.

Das spricht für den Sommer!

Oder, die Zeit der Ernte hat die Müllabfuhren getadelt. Ich stelle vor:

die seekranke Vergangenheit,
den opponierenden Frosch,
das Radieschen aus rosaroter Nacht,
die alte Putzfrau
und die Eintagsfliege.

Wie empfänglich doch der Mensch ist!

Und wie vom Wahnsinn besessen die urkomische Meute der Hohen Priester. Denn wenn das Essen angebrannt ist, riechen es meist die Hausbewohner und machen sich ihre Gedanken darüber. Die genannten Personen werden der Raumnot halber Abkürzungen zu Mittag haben. Nicht immer kann es vergessene Fahrräder geben.

Die Diskussion über Sinnlosigkeit – bald werde ich das Wort wohl abschaffen müssen – ist so sinnlos wie die Hoffnung auf einen Himmel. Mein erbärmlichstes Kleid ist meine Haut. Sie spricht nur Frauen an, und Männer, wenn sie unter einem vornehmen, Achtung heischenden Schwarz verborgen bleibt. Manchmal jedoch, das sind die weisen oder würdigen Herren, wird sie vernachlässigt.

Meine Frau ist ein Scherz, ich müde, und die Nacht zum Schlafen da.

Der Fisch geht seinen Weg durch die Leiber kurzer Epochen!

Das Auto – oder die falsche und fehlerhafte Konstruktion – schäumt vor Wut, ein Mastschwein fehlt noch, der Letzte der Abkömmlinge liegt im Sterben. Es ist der Song der losen Augen.

Die Erniedrigung einer kaum erahnten Welt!

Ein Student und ein Professor haben im Sommer die Wärme entnommen und sie zwecks Untersuchung in den Nachthimmel entsandt. Da ist sie gut aufgehoben. Sie läuft auf heißen Rädern die acht Stunden der Vorschrift, gibt mitunter Zeichen und lacht über den alten Überrumpelungstrick.

Der, kaum angewandt, die Welt und Zeit in das Chaos des Unverständnisses stürzt!

So begann ich heute eine Betrachtung über die Unmöglichkeit der reinen Kunst und sah den Mist faulen und die Leiber zu meinem Ergötzen.

Man verlangt logische Beweisführungen!

Und die es verlangen, sind Menschen, welche aus ihrer Sinneswelt den Tod in die obskure Form der hageren und bleichen Knochen gezwängt haben. Ein Knochen, ein zweiter – sie tragen insgesamt dieses Bild des Schreckens, des endgültigen Verlorenseins.

Oder, die Welt wiederholt die Reihenfolge!

Eine blasse, so traumhaft schöne Theorie, an der die Systematik etwas zu scharf ist.
Gute Nacht.

<u>Deutung</u>

> ➤ Tagebucheintrag inspiriert.

Der Gesang der Zeit hat sich zur Erde herabgelassen.

> ➤ Nämlich im Rahmen der gerade stattfindenden Inspirationen. – Im Wörterbuch der deutschen Sprache von Bertelsmann (Wö. d. dt. Spr. v. Be.) hat „Gesang" an erster Stelle die Bedeutung von „das Singen, Vortrag eines Liedes, einer Arie". – „Im Allgemeinen symbolisiert Singen im Traum Harmonie, Ausgeglichenheit und festliche Stimmung. Singt ein Einzelner, so deutet das eher auf gefühlsbetonte Innerlichkeit …" (Günter Harnisch). – Im Wö. d. dt. Spr. v. Be. hat „Erde" an zweiter Stelle die Bedeutung von „trockene Landmasse der Erdoberfläche als Lebensraum der Menschen" und an siebenter Stelle (Religion) von „Diesseits".

Er wiehert vor Vergnügen, als er seinen Verwandten, den alten Esel sieht.

➢ Nämlich mich, sein Schreibmedium, seinen Schreiber. – Im Wö. d. dt. Spr. v. Be. hat „wiehern“ an dritter Stelle die Bedeutung von „laut, stark lachen“, zum Beispiel „wir haben gewiehert, als er das erzählte“. – Von seiner Abstammung her gehört der Esel zur Gattung der Pferde. – „Tiere verkörpern im Traum die Naturseite des Menschen. Sie vertreten gleichsam die Instinkte und Ahnungen. Menschliche Eigenschaften werden in Sprache und Literatur – in den Fabeln und Comics – durch Tiere und Tierverhaltensweisen dargestellt. Soweit es sich bei einzelnen Tieren um archetypische Symbole handelt, sind sie unter dem jeweiligen Stichwort beschrieben.“ (Günter Harnisch). – „Die Dummheit, die dem Esel in unserer Umgangssprache angedichtet wird, verkörpert er im Traum nicht. Dort ist er häufig als Symbol für sexuelle Kraft und Vitalität zu verstehen – eine Bedeutung, die sich aus der griechischrömischen Mythologie herleiten lässt, wo der Esel ein Begleiter des Dionysos ist, des Gottes der unsterblichen Lebenskraft." (Günter Harnisch)

Man möchte sagen, es hätte nicht so kommen sollen!

Doch, wie so oft bei diesen Gelegenheiten, ist niemand da, der Anstoß daran nimmt und dem Meister das alte Pferd putzt.

> Mit „dem Meister" ist mein Gesprächspartner gemeint. – Als ich diesen Text vor 50 Jahren ins Tagebuch schrieb, erkannte ich nicht, dass es sich um eine Inspiration handelte und worum es bei den Tagebucheintragungen tatsächlich ging. – „Die Beziehung zwischen dem Pferd und seinem Herrn dürfte in früheren Zeiten die persönlichste gewesen sein, die zwischen Tier und Mensch überhaupt denkbar ist. In den antiken Mythen, Sagen und Märchen verkörpert das Pferd biologische Lebenskraft. Der Hengst mit seiner Kraft und Schnellig-

keit gilt als Symbol männlicher Vitalität und Potenz. Die Stute gilt als Mutter-symbol ..." (Günter Harnisch)

Trösten Sie sich! Vor langen Jahren hat man die Zukunft geschmiedet und die Gegenwart zur Vergangenheit gemacht!

Ein lustiges Spiel!

Niemand nahm es ernst! Die Welt arbeitete für den Fortschritt! Manchmal, in den Nächten der Einsamkeit, fand man sich zurück in die Armut der Empfindung!

In den witzigen Glauben an seine Größe.

Der Winter hat seinen Schlaf abgebrochen!

> Zu Winter beziehungsweise Eis schreibt Günter Harnisch unter anderem: „Eis in der Traumlandschaft informiert über das Einfrieren von Beziehungen, über seelische Kälte und die Gefahr der Ver-einsamung des Träumenden ..." – Im Wö. d. dt. Spr. v. Be. hat „schlafen" an zweiter Stelle (im übertragenen Sinn) die Bedeutung von „unaufmerksam

sein, nicht aufpassen, an andere Dinge denken".

Die Bewegung der Dünen ist der Kalkulation verlorengegangen!

> ➢ Im Fremdwörterlexikon von Wahrig wird „Kalkulation" übersetzt mit „das Kalkulieren, Berechnung, Ermittlung". – Synonyme für „verloren gehen" sind nach dem Duden unter anderem „abhanden kommen, verkümmern, verschwinden, wegfallen".

Unvorstellbar!

> ➢ Nämlich dass die Bewegung der Sandkörner in einer Düne kalkulierbar ist.

Das Geschick des kleinen Mannes hat Urlaub gemacht.

> ➢ Im Wö. d. dt. Spr. v. Be. hat „Geschick" an zweiter Stelle die Bedeutung von „Schicksal, Los, Fügung". Synonyme für Urlaub sind nach dem Duden unter anderem „arbeitsfreie Zeit, Freizeit". – Im Wö. d. dt. Spr. v. Be. wird Urlaub definiert als „arbeits- oder dienstfreie Zeit". Dementsprechend kann übersetzt

werden: Der „kleine Mann" glaubt heutzutage nicht mehr daran, dass sein/unser Schicksal letztlich bekannt ist.

Ich bürge für die Potenz und nenne das Kind meine Liebe!

> Synonyme für „Potenz" sind nach Thesaurus unter anderem „Vermögen, Können, Fähigkeit". – Im Wö. d. dt. Spr. v. Be. hat „Kind" an zweiter Stelle die Bedeutung von „Nachkomme".

Den Herrn der Gewitter und der Blutspuren?!

> Im Wö. d. dt. Spr. v. Be. hat „Gewitter" an zweiter Stelle (im übertragenen Sinn) die Bedeutung von „heftige Auseinandersetzung, heftiger Streit".

Man unterscheidet eine gewöhnliche und eine ungewöhnliche Form!

Welche wählen wir uns? Oder wählen wir uns selbst? – Oder wählen wir uns selbst nicht?

Ich möchte niemandem zu nahe treten, denn die Segmentierung ist phylogenetisch von erheblicher Wichtigkeit!

> ➤ Im Wö. d. dt. Spr. v. Be. wird „Segment" definiert als „Abschnitt, Teilstück", und „Phylogenese" übersetzt mit „Stammesgeschichte der Lebewesen".

So was ist gewiss ungewöhnlich, hat eben jenen inneren Reiz,

> ➤ Synonyme für „Reiz" sind nach Thesaurus unter anderem „Anstoß, Anreiz, Antrieb".

den wir zu oft am Rathaus sehen und übersehen.

> ➤ Im Wö. d. dt. Spr. v. Be. wird „Rathaus" definiert als „Sitz einer Gemeinde- oder Stadtverwaltung". – „Im gleichen Wörterbuch hat „Rat" an erster Stelle die Bedeutung von „Vorschlag für ein bestimmtes Verhalten, Vorgehen".

Aber die Weihnachtsgrüße blieben dennoch ungeschrieben.

Wer gibt den Grund an?

Zuerst war die Welt, dann kam die Welt.

> Im Wö. d. dt. Spr. v. Be. hat „Welt" an erster Stelle die Bedeutung von „Gesamtheit aller Länder und Meere, die Erde als Lebensraum" und an zweiter Stelle von „Leben (auf der Erde), Ablauf des Geschehens (auf der Erde)".

Und was wird dann sein?

Ich wage nicht, mir zu widersprechen.

> Nämlich zurückkommend auf obige Textstelle: „Ich bürge für die Potenz und nenne das Kind meine Liebe!"

Eine Sinnlosigkeit hat – gerade für uns, den Kindern der wachsenden Naturwissenschaften – neben dem vernünftigen Alltag eine zweite gepflanzt und eine dritte. Ich bejammere nicht mein Dasein, suche nur Erfolg für mich und meine Vorstellung. Was geschähe, wenn ich jetzt aufhörte zu schreiben, mich faul ins Bett legte und die Stunden der Berührung segnete?

Vielleicht ein Witz!

> Im Wö. d. dt. Spr. v. Be. hat „Witz" an erster Stelle die Bedeutung von „kurze, kleine Geschichte mit einem überra-

schenden Schlusseffekt, die zum Lachen reizt".

Aber Atrophie bestimmter wesentlicher Substanzen und Einrichtungen sicherlich!

Es hat ein einfacher Schmerz
> Gemeint ist mein Liebeskummer.

ein großes Loch in mein Leben gerissen. Ich schmiere es zu mit Kot und bepflanze es mit Himbeeren.
> Im Wö. d. dt. Spr. v. Be. hat „Kot" an zweiter Stelle (veraltet) die Bedeutung von „Straßenschmutz". Und „etwas durch den Kot ziehen" bedeutet nach dem gleichen Wörterbuch: „hässlich, herabsetzend über etwas oder jemanden sprechen". – Zu „Himbeere" beziehungsweise Beeren schreibt Günter Harnisch: „Im Allgemeinen haben Beeren die Bedeutung von Nahrungsmitteln. Appetit auf Beeren weist meist auf sexuelle Bedürfnisse hin."

Zaungast Nr. 1 ist der König.
> Im Tagebucheintrag von 9. Dezember heißt es: „Am Zaun steht Jesus und

dreht die Daumen". Ich gehe deshalb davon aus, dass hier mit „Zaungast Nr. 1", vor allem auch in Verbindung mit dem nachfolgenden Text, Jesus gemeint ist. – „Der König im Traum ist ein archetypisches Vatersymbol. Er verkörpert die seelische Gewissensinstanz, die oft wertvolle Hilfe vermitteln kann ..." (Günter Harnisch)

Mit ihm erschienen die 4. und 5. Auflage in rascher Aufeinanderfolge.

> Gemeint sind damit wohl die Auflagen der Tagebücher nach ihrer Veröffentlichung.

Das spricht für den Sommer!

> Zu „Sommer" schreibt Günter Harnisch unter anderem: „Dieses Traumbild symbolisiert Energie und Tatkraft, Ausdauer und Erfolgsstreben. Zumindest besteht der Wunsch, hohe Leistungen zu erbringen ..." – Ein Synonym für „Sommer" ist nach Thesaurus unter anderem „Erntezeiten".

Oder, die Zeit der Ernte hat die Müllabfuhren getadelt.

> Im Wö. d. dt. Spr. v. Be. wird „Müll" definiert als „Abfall, Kehricht, nicht mehr verwertbare Stoffe oder Gegenstände". Im gleichen Wörterbuch hat „Abfuhr" an zweiter Stelle (im übertragenen Sinn) die Bedeutung von „schroffe Zurückweisung". Gemeint sind hier mit „Müllabfuhren" also die Leser, welche meine Tagebuchtexte als „Müll" bezeichnen und Ihnen damit eine Abfuhr erteilen.

Ich stelle vor:

> Nämlich die „Müllabfuhren", die Kritiker.

die seekranke Vergangenheit,

> „Das Meer ist ein archetypisches Symbol für den Ursprung des Lebendigen überhaupt, nicht des persönlichen Lebens eines Individuums. In seiner unabsehbaren Tiefe und Weite stellt es im Traum das Kollektive Unbewusste dar …" (Günter Harnisch)

den opponierenden Frosch,

> „Etwas aus der Froschperspektive betrachten" bedeutet nach dem Lexikon der sprichwörtlichen Redensarten „es von unten betrachten, im Gegensatz zum Überblick von oben".

das Radieschen aus rosa-roter Nacht,

> Radieschen gehören zur Gattung der Rettiche, und zu Rettich schreibt Günter Harnisch: „Dieses Traumsymbol gilt als Symbol der männlichen Sexualität." – Im Wö. d. dt. Spr. v. Be. hat „rosa" an zweiter Stelle (umgangssprachlich) die Bedeutung von „homosexuell". – „Die Farbe Rot drückt Leidenschaft, Sinnlichkeit, Feuer und gesteigerte Vitalität aus ..." (Günter Harnisch). – „Die Nacht stellt im Traum den gesamten Bereich des Unbewussten dar, der im Dunkeln liegt." (Günter Harnisch)

die alte Putzfrau
und die Eintagsfliege.

> „Tiere verkörpern im Traum die Naturseite des Menschen. Sie vertreten gleichsam die Instinkte und Ahnungen.

Menschliche Eigenschaften werden in Sprache und Literatur – in den Fabeln und Comics – durch Tiere und Tierverhaltensweisen dargestellt …" (Günter Harnisch). – „Als Traumsymbol deuten Fliegen auf nervöse Erregungs- und Erschöpfungszustände hin …" (Günter Harnisch). – Im Wö. d. dt. Spr. v. Be. hat „Eintagsfliege" an zweiter Stelle (im übertragenen Sinn) die Bedeutung von „etwas, das nur kurzfristig in Mode ist oder Bedeutung hat".

Wie empfänglich doch der Mensch ist!

> ➤ Nämlich für die (gerade stattfindende) Inspiration

Und wie vom Wahnsinn besessen die urkomische Meute der Hohen Priester.

> ➤ So etwas denke und sage ich heute nicht mehr. Ich bitte um Entschuldigung.

Denn wenn das Essen angebrannt ist,

> ➤ Zu „Essen" bzw. Hunger schreibt Günter Harnisch unter anderem: „Dieses

Traumbild weist auf einen Mangel hin. Es symbolisiert körperliche oder geistig-seelische Bedürfnisse ..."

riechen es meist die Hausbewohner

> „Das Haus stellt im Traum das Gehäuse der Seele dar. Entsprechend informieren die einzelnen Räume über die verschiedenen seelischen Funktionen ..." (Günter Harnisch)

und machen sich ihre Gedanken darüber. Die genannten Personen werden der Raumnot halber Abkürzungen zu Mittag haben.

> In Verbindung mit der symbolischen Bedeutung von „Haus" kann „Raumnot" übersetzt werden mit „Seelennot.". – Im Wörterbuch der deutschen Sprache Bertelsmann hat „Abkürzung" an zweiter Stelle die Bedeutung von „abgekürztes Wort, mehrere zusammengehörige abgekürzte Wörter". – „Im Anfang war das Wort, und das Wort war bei Gott, und Gott war das Wort". (Johannes 1,1). – „Die Mittagsstunde ist ein Orientierungshinweis für die Traumsituation. Sie ist die Zeit, in

der die Sonne ihren Höchststand erreicht ...“ (Günter Harnisch)

Nicht immer kann es vergessene Fahrräder geben.

> „Im Traum symbolisiert das Fahrrad
Individualität, Selbstständigkeit und
den Versuch, im Leben eigene Wege zu
gehen.“ (Günter Harnisch)

Die Diskussion über Sinnlosigkeit – bald werde
ich das Wort wohl abschaffen müssen – ist so
sinnlos wie die Hoffnung auf einen Himmel. Mein
erbärmlichstes Kleid ist meine Haut.

> Nämlich aus meiner damaligen wissen-
schaftsgläubigen Sicht. – „Wie die Haut
in der Wirklichkeit als Spiegel der Seele
gilt, so deutet sie auch in der Traumsprache auf den nervlichen und seelischen Zustand des Träumenden hin ...“
(Günter Harnisch)

Sie spricht nur Frauen an, und Männer, wenn sie
unter einem vornehmen, Achtung heischenden
Schwarz verborgen bleibt. Manchmal jedoch, das
sind die weisen oder würdigen Herren, wird sie
vernachlässigt.

Meine Frau ist ein Scherz, ich müde, und die Nacht zum Schlafen da.

Der Fisch geht seinen Weg durch die Leiber kurzer Epochen!

> „In der analytischen Psychologie von C. G. Jung gilt der Fisch als Symbol der ganzen Persönlichkeit des Träumenden." (Günter Harnisch)

Das Auto – oder die falsche und fehlerhafte Konstruktion – schäumt vor Wut,

> „Auto" ist abgeleitet vom griechischen Wort „autos", das „selbst" bedeutet. – Zu „Auto" schreibt Günter Harnisch unter anderem: „Seine Symbolbedeutung im Traum ist die eines individuellen Transportmittels. Es verkörpert auch die motorische Energie, die Lebenskraft seines Besitzers ..."

ein Mastschwein fehlt noch,

> Nämlich bei der Aufzählung. – „Tiere verkörpern im Traum die Naturseite des Menschen ..." (Günter Harnisch). – „Das Schwein kann die aus dem Alltag bekannte Bedeutung als Glückssymbol

manchmal auch im Traum haben. Es
kann aber auch die natürliche Ge-
schlechtlichkeit der Menschen, Zeu-
gungsvorgänge und weibliche Fruchtbarkeit darstellen ...‘‘ (Günter Harnisch)
der Letzte der Abkömmlinge liegt im Sterben.

> ➤ Nämlich der Abkömmlinge vom „Fisch‘‘.
> – Bei Ernst Aeppli heißt es zu „Fisch‘‘
> unter anderem: ,,... Da man das Trieb-
> hafte des Säugetieres an ihm nicht be-
> merkt, gilt der Fisch nicht eigentlich als
> Tier, sein Fleisch nicht als blutiges
> Fleisch. Er ist vielleicht deshalb wegen
> seiner eigenartigen Herkunft oft heilige
> Speise. Im christlichen Kulturraum ist
> dieses Heilige verbunden mit dem neu-
> testamentlichen Fischwunder und steht
> im Zusammenhang mit Petrus dem Fi-
> scher. Zudem bilden im Griechischen die
> Anfangsbuchstaben von ‚Jesus Christus,
> Sohn Gottes und Retter‘ zusammen das
> Wort Ichthys, Fisch ...‘‘

Es ist der Song der losen Augen.

> Im Wö. d. dt. Spr. v. Be. hat „lose" an erster Stelle die Bedeutung von „nicht fest, locker" und an zweiter Stelle von „keck, schelmisch". – „Im Volksmund bezeichnet man die Augen als den Spiegel der Seele. Das Auge hat im Traum die Symbolbedeutung eines Bewusstseinsorgans ..." (Günter Harnisch)

Die Erniedrigung einer kaum erahnten Welt!

Ein Student und ein Professor haben im Sommer die Wärme entnommen

> Zurückkommend (als Epilog) auf obige Textstelle: „Das spricht für den Sommer!" – Im Wö. d. dt. Spr. v. Be. hat „Wärme" an dritter Stelle die Bedeutung von „von Herzen kommende Freundlichkeit, freundliche Zugewandtheit, Herzlichkeit".

und sie zwecks Untersuchung in den Nachthimmel entsandt.

> „Die Nacht stellt im Traum den gesamten Bereich des Unbewussten dar, der im Dunkeln liegt." (Günter Harnisch). –

„Im Traum bedeutet der Himmel das
Reich des Geistes, des hohen Gedanken-
fluges und den Ort, aus dem schöpferi-
sche Einfälle stammen …" (Günter Harnisch)

Da ist sie gut aufgehoben. Sie läuft auf heißen
Rädern

> Im Wö. d. dt. Spr. v. Be. hat „laufen"
an zehnter Stelle die Bedeutung von „in
Gang sein". – „Das Rad ist in fast allen
Kulturen ein Bewegungs- und Sonnen-
zeichen …"

die acht Stunden der Vorschrift,

> „Die Acht gilt gemeinhin als die Zahl
der Unendlichkeit. So ist denn auch die
liegende Ziffer – die Lemniskate – das
mathematische   Unendlichkeitszeichen
…" (Heinrich Elijah Benedikt in „Die
Kabbala")

gibt mitunter Zeichen

> Im Wö. d. dt. Spr. v. Be. hat „Zeichen"
an erster Stelle die Bedeutung von „etwas Wahrnehmbares, das einen Hinweis
geben soll".

und lacht über den alten Überrumpelungstrick.

> Nämlich über einen mir vorgeworfenen „Überrumpelungstrick" einem Mädchen gegenüber.

Der, kaum angewandt, die Welt und Zeit in das Chaos des Unverständnisses stürzt!

So begann ich heute eine Betrachtung über die Unmöglichkeit der reinen Kunst

> Nämlich unabhängig von diesem Tagebucheintrag

und sah den Mist faulen und die Leiber zu meinem Ergötzen.

Man verlangt logische Beweisführungen!

Und die es verlangen, sind Menschen, welche aus ihrer Sinneswelt den Tod in die obskure Form der hageren und bleichen Knochen gezwängt haben. Ein Knochen, ein zweiter – sie tragen insgesamt dieses Bild des Schreckens, des endgültigen Verlorenseins.

> Nämlich in ihrer Vorstellung. – „Bilder jeder Art beziehen sich immer auf die Persönlichkeitsstruktur des Träumenden ..." (Günter Harnisch)

Oder, die Welt wiederholt die Reihenfolge!

> Nämlich im Rahmen der Reinkarnation

Eine blasse, so traumhaft schöne Theorie, an der die Systematik etwas zu scharf ist.

> Im Wö. d. dt. Spr. v. Be. hat „Systematik" an erster Stelle die Bedeutung von „Aufbau eines Systems", an zweiter Stelle von „Kunst, ein System aufzubauen, planmäßige Darstellung" und an dritter Stelle von „Lehre vom System einer Wissenschaft".

Gute Nacht.

<u>24. Dezember 1960</u>

Alle Achtung, der Wein ist <u>Gut</u>!
Meine Liebe, ach, ich fühle, dass die kommende Zeit mein größtes Verbrechen wird, obwohl vom Schmerz und den wahnsinnigen Vorstellungen von den Tränen eines kleinen Mädchens gequält, werde ich alles vertuschen, um wieder mich selbst, mein Lächeln, mein Verständnis für andere Menschen zu finden. Es ist eigentlich unerhört, die Arbeit eines durchgedrehten Totengräbers, der seiner Öffentlichkeit das Grab schaufelt. Verstehen Sie das nicht? Ich auch nicht. Trinken Sie Wein, und sie werden alles vergessen, die Affinität von den differenten Ladungen, die zerstörte Schale einer Südfrucht, Sie werden sogar das Ferngespräch in Ihr Unterbewusstsein schicken, um die Post in Ruhe zu lassen, ja, die Post, die ich bisher so selten erwähnte . Sie ist eine Sünde. Oder nicht?! Ganz wie Sie meinen. Mit schrägem Blick, haben Sie ihn gesehen, musterte er seine Frau und gedachte alsdann der Überheblichkeit der nachbarlichen Heringstonne. Ich malte vor fünf Minuten ein Bild. Es hat Anklang, es klingt an, die Farbkomposition ist gut, der Sinn so austauschbar wie das Material. Der Kugelschreiber ist müde.

<u>Aufgliederung des Textes</u>

Alle Achtung, der Wein ist <u>gut.</u>

Meine Liebe, ach, ich fühle, dass die kommende Zeit mein größtes Verbrechen wird. Obwohl vom Schmerz und den wahnsinnigen Vorstellungen von den Tränen eines kleinen Mädchens gequält, werde ich alles vertuschen, um wieder mich selbst, mein Lächeln, mein Verständnis für andere Menschen zu finden.

Es ist eigentlich unerhört, die Arbeit eines durchgedrehten Totengräbers, der seiner Öffentlichkeit das Grab schaufelt!

Verstehen Sie das nicht? – Ich auch nicht.

Trinken Sie Wein, und Sie werden alles vergessen, die Affinität von den differenten Ladungen, die zerstörte Schale einer Südfrucht! Sie werden sogar das Ferngespräch in Ihr Unterbewusstsein schicken, um die Post in Ruhe zu lassen!

Ja, die Post, die ich bisher so selten erwähnte. Sie ist eine Sünde! Oder nicht?!

Ganz wie Sie meinen!

Mit schrägem Blick …

Haben Sie ihn gesehen?

... musterte er seine Frau und gedachte alsdann der Überheblichkeit der nachbarlichen Heringstonne.

Ich malte vor fünf Minuten ein Bild.

Es hat Anklang!

Es klingt an?

Die Farbkomposition ist gut!

Der Sinn so austauschbar wie das Material. Der Kugelschreiber ist müde.

Deutung

Alle Achtung, der Wein ist <u>Gut.</u>

> ➢ Gemeint ist der Wein, den mir meine Vermieterin zum Weihnachtsfest mit nach Hause gegeben hatte. „Gut" ist im Tagebuch großgeschrieben und unterstrichen.

Meine Liebe, ach, ich fühle, dass die kommende Zeit mein größtes Verbrechen wird. Obwohl vom

Schmerz und den wahnsinnigen Vorstellungen von den Tränen eines kleinen Mädchens gequält,

> ➤ *Betrifft wieder meine Beziehung zu G.*

werde ich alles vertuschen,

> ➤ *„Etwas vertuschen" bedeutet nach dem Wörterbuch der deutschen Sprache von Bertelsmann (Wö. d. dt. Spr. v. Be.) „dafür sorgen, dass etwas nicht bekannt wird, etwas nicht in die Öffentlichkeit dringen lassen".*

um wieder mich selbst, mein Lächeln, mein Verständnis für andere Menschen zu finden.

Es ist eigentlich unerhört, die Arbeit eines durchgedrehten Totengräbers, der seiner Öffentlichkeit das Grab schaufelt!

Verstehen Sie das nicht? – Ich auch nicht.

Trinken Sie Wein, und Sie werden alles vergessen, die Affinität von den differenten Ladungen,

> ➤ *Mit letzterem ist sicherlich die Anziehungskraft zwischen dem männlichen und dem eiblichen Geschlecht gemeint.*

die zerstörte Schale einer Südfrucht!

> ➤ *Bezüglich „Südfrucht" denke ich spontan an Orangen, und zu Orange*

schreibt Günter Harnisch: „Wie die meisten Früchte, so hat auch die Orange als Traumsymbol meist sexuelle Bedeutung ...‟

Sie werden sogar das Ferngespräch in Ihr Unterbewusstsein schicken, um die Post in Ruhe zu lassen!

> ➤ Gemeint ist ein langes und teures Ferngespräch mit meiner Freundin.

Ja, die Post, die ich bisher so selten erwähnte. Sie ist eine Sünde!

> ➤ Letzteres wohl, in Verbindung mit der umgangssprachlichen Bezeichnung „sündhaft teuer‟, wegen der hohen Fernsprechgebühren.

Oder nicht?!

Ganz wie Sie meinen!

Mit schrägem Blick ...

> ➤ Im Wö. d. dt. Spr. v. Be. hat „schräg‟ an zweiter Stelle (umgangssprachlich) die Bedeutung von „ungewohnt, seltsam‟ und an dritter Stelle von „etwas außerhalb der Legalität stehend‟.

Haben Sie ihn gesehen?

... musterte er seine Frau

> ➢ Nämlich G., die ich zur Frau haben wollte.

und gedachte alsdann der Überheblichkeit der nachbarlichen Heringstonne.

> ➢ Im Wö. d. dt. Spr. v. Be. hat „überheb-lich" die Bedeutung von „eingebildet, anmaßend". – Im gleichen Wörterbuch hat „Hering" an zweiter Stelle die Be-deutung von „Pflock, der in den Boden gerammt wird und an dem die Zelt-schnüre befestigt werden". – „Stäbe, Stangen und Stöcke sind fast immer als Hinweise auf die männliche Sexualität zu verstehen." (Günter Harnisch). – „In der Traumsprache symbolisieren Gefäße aller Art meist den Leib der Frau und die weibliche Sexualität ..." (Günter Harnisch)

Ich malte vor fünf Minuten ein Bild.

Es hat Anklang!

Es klingt an?

Die Farbkomposition ist gut!

Der Sinn so austauschbar wie das Material.
> ➢ Nämlich aus meiner damaligen wissenschaftsgläubigen Sicht

Der Kugelschreiber ist müde.

<u>26. Dezember 1960</u>

Es handelt eine Firma um Silvesternacht. Sie hat Hosen an und die Achtung vor dem Alter. Ich bin gegen die Übernahme, höre den Schrei der Verkommenheit, die kreischenden Bremsen der Unlust. Mit fürchterlichem Gebrüll, das zarte Tasten, panisches Entsetzen, der Ton hat den Meister überrannt. Wir stinken alle in unseren Kleidern des Rechtes, spielen das Spiel der Falschheit und meinen uns, wenn wir den anderen lieben. Vernünftige Auswege sind da, die Verdammnis aller Märchen, die Wahrheit beanspruchen, die Lösung von der Ungeheuerlichkeit der Lüge. Es ist schwer, aus seiner Zeit, aus der täglichen Wiederholung aller verdammten alten Vorstellungen und Grenzen und Forderungen herauszukommen.

<u>Aufgliederung des Textes und Deutung</u>
> Tagebucheintrag inspiriert, wobei mithilfe von Symbolen wohl Bezug genommen wird auf meinen Tagebucheintrag vom 24. Dezember.

Es handelt eine Firma um Silvesternacht.

> Gemeint ist mit „Firma" die Beziehung zwischen meiner Freundin G. und mir. – Im Wörterbuch der deutschen Sprache von Bertelsmann (Wö. d. dt. Spr. v. Be.) hat „Firma" an zweiter Stelle die Bedeutung von „Geschäft, Betrieb, Unternehmen". – Im gleichen Wörterbuch hat „handeln" an erster Stelle die Bedeutung von „etwas tun, ausführen". Letzteres bezieht sich hier auf unseren aktuellen brieflichen und telefonischen Kontakt. – „Um Silvesternacht" ist zunächst als reale Zeitangabe zu verstehen, zweitens aber auch symbolisch, denn zu dieser Zeit sind die Nächte am dunkelsten. Und „Die Nacht stellt im Traum den gesamten Bereich des Unbewussten dar, der im Dunkeln liegt." (Günter Harnisch)

Sie hat Hosen an und die Achtung vor dem Alter.

> „Die Hosen anhaben" bedeutet nach dem Redensarten-Index „dominieren; mächtig sein; etwas zu sagen ha-

ben; derjenige sein, der die Entscheidungen trifft".
Ich bin gegen die Übernahme,

> Ich bin gegen die Übernahme dieser „Firma"

höre den Schrei der Verkommenheit,

> Nämlich in meinem Tagebucheintrag vom 22. Dezember, wo ich schrieb: „Ich bin fest entschlossen – wie hohnvoll und nüchtern das klingt! – sie bei der nächsten Gelegenheit zu verlassen." – Im Wö. d. dt. Spr. v. Be. wird „Verkommenheit" definiert als „Zustand des (besonders moralischen) Verkommenseins".

die kreischenden Bremsen der Unlust.

> Nämlich seitens meiner Freundin. – Nach dem Wö. d. dt. Spr. v. Be. hat „kreischen" die Bedeutung von „laut und schrill schreien". – Im gleichen Wörterbuch wird „Unlust" definiert als „Mangel an Freude, an Lust, Verdrießlichkeit".

Mit fürchterlichem Gebrüll, das zarte Tasten, panisches Entsetzen.

> ➢ Nämlich innerhalb der „Firma".

Der Ton hat den Meister überrannt!

> ➢ Im Wö. d. dt. Spr. v. Be. hat „Ton" an fünfter Stelle die Bedeutung von „(vom Gefühl bestimmte) Sprechweise, Redeweise", zum Beispiel „einen anderen Ton anschlagen". – „Er hat mich völlig überrannt" bedeutet nach dem gleichen Wörterbuch (umgangssprachlich) „mir blieb keine Möglichkeit zum Widerspruch, zur Ablehnung".

Wir stinken alle in unseren Kleidern des Rechtes,

> ➢ „Es stinkt", auch: „Hier stinkt es" bedeutet nach dem Lexikon der sprichwörtlichen Redensarten „etwas ist nicht in Ordnung, eine Sache erscheint verdächtig ..." – „Die Kleider Traum beziehen sich auf die vom Unbewussten her beeinflusste Persönlichkeit, wie sie sich gegenüber der Umwelt darstellt ..." (Günter Harnisch). Übersetzung der Textstelle: Unser Glaube, immer im

Recht zu sein, immer Recht zu haben,

stinkt unseren Mitmenschen.

spielen das Spiel der Falschheit und meinen uns, wenn wir den anderen lieben.

> *Das stimmt nicht immer.*

Vernünftige Auswege sind da: die Verdammung aller Märchen, die Wahrheit beanspruchen,

> *Märchen beanspruchen keine Wahrheit.*
>
> *Das Verdammen haben lebenserfahrene,*
>
> *reife Menschen abgelegt.*

die Lösung von der Ungeheuerlichkeit der Lüge. Es ist schwer, aus seiner Zeit, aus der täglichen Wiederholung aller verdammten alten Vorstellungen und Grenzen und Forderungen herauszukommen.

> *Das stimmt, einmal abgesehen von dem*
>
> *Wort „verdammten".*

Heute mit K. in Köln gewesen, Studio des NWDR gesehen. Anschließend zurück nach Düsseldorf, zu seiner Wohnung. Dort mit ihm Chemie gemacht und albern geredet.

Es ist seltsam, dass ich dieses Mädchen von der Hoffeldstraße, das mir heute einen Brief schrieb, nicht mehr loswerde. Ich hatte ihr gesagt, dass ich sie liebte und noch liebe, dass ich aber die Strapazen, die mit dieser höchst eigenartigen Liebe verbunden sind, nicht mehr aushalte und sie verlassen würde.
Ein Brief war es, den ich zigmal las, der alles, ihr liebes Wesen, ihren unwahrscheinlich schönen Glauben an etwas Echtes im Menschen, zwischen zwei Menschen, wieder in die Gegenwart rief.
Ich bitte sie, nur hier, um Verzeihung, dass ich dieses schönste Geschenk, das ich von ihr zu Weihnachten erhielt, die Gewissheit, an Heiligabend an mich gedacht zu haben, nicht beantworte. Ich tue das aus einer ganz kühlen Berechnung, die sie vielleicht nicht versteht, die mich aber keineswegs zu einem verwerflichen Schmarotzer macht. Meine Gefühle sind nämlich, soweit ich sie bis jetzt beurteile, echt. Aber ich habe festgestellt, dass das Schweigen auf einen Brief provozierend wirkt. Wie oft flehte ich um

eine Antwort! Und diese Provokation ist also die einzige Möglichkeit, ihre Gedanken auf mich zu konzentrieren, nicht zum Selbstzweck, sondern um endlich nach all diesen Qualen ein echtes, untrennbares Verhältnis anzubahnen. Das spricht alles gegen meinen Entschluss, sie zu verlassen, nicht aber gegen die schon ausgesprochene Gewissheit, dass ich mein G.chen liebe.

Die große Frage für die Zukunft ist, werde ich jemals treu sein können. Unter Untreue verstehe ich kein Verlassen, keine Vorwürfe, die dumm und kindisch wären, keinen Bruch und keine plötzlichen Hassgefühle. Ich werde nicht aufhören, G.chen zu lieben, auch nicht, wenn alles Äußere dafür spricht. Sie ist ein Mensch, der mit meinem eigenen Wesen so viel Ähnlichkeit und Gemeinsames hat, dass bei einem Auseinandergehen etwas von mir fehlte, ich mich selbst, den Glauben an die Liebe verachten müsste. Der Gedanke an eine Untreue ist so unvorstellbar in Bezug auf Wahrheit, dass ich ihn noch nicht formulieren kann. Es muss für sie ein billiger, äußerst billiger Trost sein, meiner hoch und heilig versprochenen Liebe gewiss zu sein, wenn ich im Bett einer anderen Frau liege. Doch der Gipfel der Frechheit fehlt noch. Nie würde ich dem G. zugestehen, einen anderen Jungen anzusehen und Ähnliches wie ich zu tun. Das ist mein größter Widerspruch, den ich nicht ohne Widersprüche erklären kann. Ich sehe nur einen Ausweg, der alles klären und unwesentlich machen könnte. G.s Liebe zu mir müsste erschöpfend groß sein.

> Heute bin ich der Meinung, dass sich der Mensch mit wachsendem Verständnis von „Liebe" zunehmend mehr auf einen Partner beschränkt und seine animalischen Gefühle unter Kontrolle bringt.

Es ist mittlerweile 1:10 Uhr geworden, der neue Tag, der 28.12., hat begonnen. Ich habe inzwischen Nüsse gegessen und etwas an meiner A. ü. d. K. geschrieben, nicht viel – ich bin so schrecklich faul, und immer macht es mir Mühe, des Abends logische Gedanken zu produzieren. Es befriedigt mich zwar immer ungemein hinterher, doch an einer Sache zu schreiben, die für mich an sich abgeschlossen ist, ist im Ganzen uninteressant. Lieber esse ich Nüsse und trinke Wein dazu und rauche eine Rote Hand. Das bringt mich übrigens wieder auf einen vernünftigen Gedanken. Moment! Ich denke jetzt ganz lieb von meinem G.. Zwar hat sie heute morgen (orthographisch muss hier irgendetwas falsch sein, ich meine das „heute morgen" – oder nicht?) hat sie zwar sehr viel Blödsinn vertellt, aber so nett, dass ihr alles wieder entgegenläuft. Das ist das Unwahrscheinliche und so Echte an ihrem Brief gewesen, dass sie einen und viele Fehler eingesteht. Das tut sie sonst nie. In diesem Fall aber hat sie sich die Blöße gegeben, um sie gleich mit ihrer Liebe wieder zu verschließen – mit ihrer Liebe – ein so schöner Gedanke, den ich heute Nacht mit in meine Träumerei nehme. – – – Jetzt werde ich schizophren weiterschreiben, um Bilder und Vorstellungen in neuen Gewändern zu sehen.

Der Tannenbaum

Unter einem Tannenbaum fand ich meine Beschäftigung, der ich nun huldige. Kunst und Leben sind einerlei und zweierlei. Man verkaufte sie für 4,– bis 10,– DM oder Dollar das Stück. Chaos herrschte. Blumentöpfe im Ausverkauf: sie sind schöner denn je und schmecken gut, wie falsch, ich meine das andere – oder die andere oder – nein, lieber nicht, wir sind ja aus anständigem Hause. Warum vergisst du so schnell die Realität mit Knackwürsten und Spinat. So, sagte die Kohlensäure, das halte ich für eine destruktive Ansicht, und fuhr empört mit ihrem Schlitten davon. So ist das manchmal im Leben, man vergisst beim Denken das Denken: wie gemein. Kritiker sagen: gemeingefährlich und verderblich und reißen das schmiedeeiserne Tor der Anstalt auf. Keine Angst! Wir halten sie zum Narren, die Narren, bis sie nicht mehr ein noch aus wissen und ihre Unzulänglichkeit einsehen. Pardon, ich werde wieder vernünftig, was sinnlos ist. Hat er ihn gefragt. Sie ziehen mit acht über die Bahn in harmonischer Konstellation. Alles braucht sich. Eh ja! Ich saufe. Im Fluss der Buchstaben, sie überspülen das Land und machen es fruchtbar. Ein halber Ton höher, Meister, und ich könnte mich begeistern. Man hat ihn abgeschlagen und

trägt ihn fort mit krummen Beinen. Könnte sich folgender Dialog entwickeln:
Warum?
So so
Wie spät:
Es ist kalt
der Winter macht's
viele Menschen?
Wer weiß! Der Tannenbaum ja, der Tannenbaum ist abgewrackt. Für wen. Die stille Nacht ist nicht literarisch, aber polemisch, darum schweige ich. Nach vier Wochen ist er entblößt. Seine Nadeln liegen verfärbt im Eimer, das Holz jault im Kamin. Irdischer Gang der Dinge. Will's einer ändern. Wir fühlen uns wohl – oder wohl nicht? Kaum unterschieden vom Glas, eine obere Fläche, durchzogen vom Grenzfall schloss das Manuskript abrupt. Absolut, hörte ich heute, unmäßig. Wer ist stolzer als ich – und ärmlicher, elender? Weg da, ich scheuche den Schatten, die Zeit ist weniger korrupt als damals, ihre nackte Brust lässt sich liebkosen, ihr Herz klopft in der Hand der Unverschämtheit. Man darf dem berühmten Fuhrmann nicht misstrauen. Zu oft sind Zweifel am Wesentlichen vorbeigegangen und blieben ohne Rechtfertigung. Ich muss noch arbeiten. 2:10 Uhr hat der Turmwächter gerufen. Ich folge ihm. Hoffentlich gehen ihm die geübten Beine nicht durch.

<u>Aufgliederung des Textes</u>

Es ist mittlerweile 1:10 Uhr geworden, der neue Tag, der 28. Dezember, hat begonnen. Ich habe inzwischen Nüsse gegessen und etwas an meiner A. ü. d. K. geschrieben, nicht viel – ich bin so schrecklich faul, und immer macht es mir Mühe, des Abends logische Gedanken zu produzieren. Es befriedigt mich zwar hinterher immer ungemein, jedoch an einer Sache zu schreiben, die für mich an sich abgeschlossen ist, ist im Ganzen uninteressant. Lieber esse ich Nüsse und trinke Wein dazu und rauche eine Rote Hand. Das bringt mich übrigens wieder auf einen vernünftigen Gedanken.

Moment!

Ich denke jetzt ganz lieb von meinem G.. Zwar hat sie heute morgen (orthographisch muss hier irgendetwas falsch sein, ich meine das „heute morgen" – oder nicht?) hat sie zwar sehr viel Blödsinn vertellt, aber so nett, dass ihr alles wieder entgegenläuft. Das ist das Unwahrscheinliche und so Echte an ihrem Brief gewesen, dass sie einen und viele Fehler eingesteht. Das tut sie sonst nie. In diesem Fall aber hat sie sich die Blöße gegeben, um sie gleich mit ihrer Liebe wieder zu verschließen ...

Mit ihrer Liebe!

Ein so schöner Gedanke, den ich heute Nacht mit in meine Träumerei nehme. – – – Jetzt werde ich schizophren weiterschreiben, um Bilder und Vorstellungen in neuen Gewändern zu sehen.

Der Tannenbaum

Unter einem Tannenbaum fand ich meine Beschäftigung, der ich nun huldige. Kunst und Leben sind einerlei und zweierlei. Man verkaufte sie für 4,– bis 10,– DM oder Dollar das Stück. Chaos herrschte. Blumentöpfe im Ausverkauf: sie sind schöner denn je und schmecken gut.

Wie falsch!

Ich meine das andere – oder die andere – oder …

Nein, lieber nicht, wir sind ja aus anständigem Hause! Warum vergisst du so schnell die Realität mit Knackwürsten und Spinat?

„So", sagte die Kohlensäure, „das halte ich für eine destruktive Ansicht", und fuhr empört mit ihrem Schlitten davon.

So ist das manchmal im Leben, man vergisst beim Denken das Denken!

Wie gemein!

Kritiker sagen: „Gemeingefährlich und verderblich" und reißen das schmiedeeiserne Tor der Anstalt auf!

Keine Angst! Wir halten sie zum Narren, die Narren, bis sie nicht mehr ein noch aus wissen und ihre Unzulänglichkeit einsehen. Pardon, ich werde wieder vernünftig, was sinnlos ist. – Hat er ihn gefragt? Sie ziehen mit Acht über die Bahn in harmonischer Konstellation.

Alles braucht sich!

Eh ja! Ich saufe!

Im Fluss der Buchstaben! Sie überspülen das Land und machen es fruchtbar!

Ein halber Ton höher, Meister, und ich könnte mich begeistern! Man hat ihn abgeschlagen und trägt ihn fort mit krummen Beinen! Könnte sich folgender Dialog entwickeln:

Warum?

So, so.

Wie spät?

Es ist kalt!

Der Winter macht's.

Viele Menschen?

Wer weiß.

Der Tannenbaum!

Ja, der Tannenbaum ist abgewrackt. Für wen?! Die Stille Nacht ist nicht literarisch, eher polemisch. Darum schweige ich. Nach vier Wochen ist er entblößt. Seine Nadeln liegen verfärbt im Eimer, das Holz jault im Kamin: Irdischer Gang der Dinge. Will's einer ändern? Wir fühlen uns wohl – oder wohl nicht?

Kaum unterschieden vom Glas, eine obere Fläche, durchzogen vom Grenzfall, schloss das Manuskript abrupt.

—

„Absolut", hörte ich heute, „unmäßig"! Wer ist stolzer als ich?

Und ärmlicher, elender?

Weg da, ich scheuche den Schatten, die Zeit ist weniger korrupt als damals!

Ihre nackte Brust lässt sich liebkosen, ihr Herz klopft in der Hand der Unverschämtheit! Man darf dem berühmten Fuhrmann nicht misstrauen! Zu oft sind Zweifel am Wesentlichen vorbeigegangen und blieben ohne Rechtfertigung!

Ich muss noch arbeiten. 2:10 Uhr hat der Turmwächter gerufen. Ich folge ihm. Hoffentlich gehen ihm die geübten Beine nicht durch.

Deutung

Es ist mittlerweile 1:10 Uhr geworden, der neue Tag, der 28. Dezember, hat begonnen. Ich habe inzwischen Nüsse gegessen und etwas an meiner A. ü. d. K. geschrieben,

> „A.ü.d.K." ist zu verstehen als meine Abkürzung für „Arbeit über die Kunst".

nicht viel – ich bin so schrecklich faul, und immer macht es mir Mühe, des Abends logische Gedanken zu produzieren. Es befriedigt mich zwar hinterher immer ungemein, jedoch an einer Sache zu schreiben, die für mich an sich abgeschlossen ist, ist im Ganzen uninteressant. Lieber esse ich Nüsse und trinke Wein dazu und rauche eine Rote Hand.

> *Nämlich eine Zigarette der Marke „Roth-Händle".*

Das bringt mich übrigens wieder auf einen vernünftigen Gedanken.

Moment!

> *Möglicherweise ein inspirierter Einwurf.*

Ich denke jetzt ganz lieb von meinem G.. Zwar hat sie heute morgen (orthographisch muss hier irgendetwas falsch sein, ich meine das „heute morgen" – oder nicht?)

> *Das in Klammern Geschriebene steht so im Originaltext. Richtigerweise muss es heißen: heute Morgen.*

hat sie zwar sehr viel Blödsinn vertellt,

> *„vertellt" ist ein rheinischer Dialekt für „erzählt".*

aber so nett, dass ihr alles wieder entgegenläuft. Das ist das Unwahrscheinliche und so Echte an ihrem Brief gewesen, dass sie einen und viele Fehler eingesteht. Das tut sie sonst nie. In diesem Fall aber hat sie sich die Blöße gegeben, um sie gleich mit ihrer Liebe wieder zu verschließen …

Mit ihrer Liebe!

Ein so schöner Gedanke, den ich heute Nacht mit in meine Träumerei nehme. – – – Jetzt werde ich schizophren weiterschreiben,

> ➢ Nämlich zu schreiben ohne Rücksicht zu nehmen auf eine geordnete Wort- und Gedankenfolge, das heißt, nur das schreiben, was mir gerade an Worten einfiel.

um Bilder und Vorstellungen in neuen Gewändern zu sehen.

> ➢ Im Gefolge meiner Wissenschaftsgläubigkeit und der daraus resultierenden, zum Materialismus hin tendierenden Weltanschauung glaubte ich damals, dass unser gesamtes Denken ausschließlich auf biochemischen Reaktionsabläufen in unserem Gehirn beruhte. Darunter litt ich sehr. Durch ungewöhnliche Wortzusammenstellungen wollte ich Anregungen erhalten für neue Vorstellungsinhalte. Natürlich war ich dabei in hohem Maße angewiesen auf das, was mir gerade einfiel.

Der Tannenbaum

> Dieser Eintrag ist wohl überwiegend in-
spiriert.

Unter einem Tannenbaum fand ich meine Beschäftigung, der ich nun huldige.

> Nämlich „schizophren" zu schreiben.

Kunst und Leben sind einerlei und zweierlei.

> Gemeint ist damit der weihnachtlich
geschmückte Tannenbaum, unter dem
ich gerade saß.

Man verkaufte sie für 4,– bis 10,– DM oder Dollar
das Stück.

> Also als Stückware.

Chaos herrschte.

> Wohl auf dem Markt

Blumentöpfe im Ausverkauf:

> Im Wörterbuch der deutschen Sprache
von Bertelsmann (Wö. d. dt. Spr. v. Be.)
hat „Ausverkauf" an erster Stelle die
Bedeutung von „Verkauf aller Waren
(um die Lager zu leeren)".

sie sind schöner denn je und schmecken gut.

Wie falsch!

Ich meine das andere – oder die andere – oder …

➢ Denn „In der Traumsprache symbolisieren Gefäße aller Art meist den Leib der Frau und die weiblichen Sexualität. Das gilt nicht nur für Gefäße mit runden Formen, sondern ebenso für Dosen, Kästen, Koffer, Körbe, Schachteln und Taschen …" (Günter Harnisch). – „Blumen und Blüten sind allgemein als Symbolbilder für den Gefühlsbereich zu verstehen. Die persönliche Beziehung des Träumenden zu bestimmten Blumen ist bei der Deutung in erster Linie zu berücksichtigen. Blumen und Blüten haben im Traum fast immer eine positive Bedeutung. Der Vergleich zwischen dem Lebenslauf des Menschen und dem Werden und Vergehen der Pflanzen liegt nahe. Das Wachsen, Knospen, Blühen, Verwelken der Blumen ist in der Sprache unserer Träume meist auf das menschliche Leben übertragbar." (Günter Harnisch)

Nein, lieber nicht, wir sind ja aus anständigem Hause! Warum vergisst du so schnell die Realität mit Knackwürsten und Spinat?

„So", sagte die Kohlensäure,

> ➢ Bei der Verbrennung eines Tannenbaums entstehen CO2 (im Sprachgebrauch oft mit der Kohlensäure gleichgesetzt), Wasser und Asche. CO2 ist als Gas ein Bestandteil unserer Luft, und Luft wiederum steht symbolisch für den Geist. Somit ist CO2 hier das, was geistig vom Tannenbaum übrig geblieben ist.

„das halte ich für eine destruktive Ansicht", und fuhr empört mit ihrem Schlitten davon.

So ist das manchmal im Leben, man vergisst beim Denken das Denken!

> ➢ Denn ohne das Fällen von Bäumen hätte es damals keine Schlitten gegeben. Das heißt, beim Kritisieren einer Tätigkeit vergisst man manchmal, dass man Ähnliches selbst tut oder veranlasst.

Wie gemein!

> Nämlich der vorausgegangene Kommentar. – Im Wö. d. dt. Spr. v. Be. hat „gemein" an sechster Stelle (umgangssprachlich) die Bedeutung von „unfreundlich, boshaft".

Kritiker sagen: „Gemeingefährlich und verderblich"

> Nämlich meine Schreibweise

und reißen das schmiedeeiserne Tor der Anstalt auf!

Keine Angst! Wir halten sie zum Narren,

> Nämlich die „Kritiker". – „Jemanden zum Narren haben, halten" bedeutet nach dem Wö. d. dt. Spr. v. Be. „jemanden necken, täuschen".

die Narren,

> Im gleichen Wörterbuch hat „Narr" an zweiter Stelle die Bedeutung von „dummer, einfältiger Mensch".

bis sie nicht mehr ein noch aus wissen und ihre Unzulänglichkeit einsehen. Pardon, ich werde wieder vernünftig,

> Nämlich was meine Ausdrucksweise angeht. – Im Wö. d. dt. Spr. v. Be. hat

„vernünftig" an erster Stelle die Bedeu-
tung von „einsichtig, besonnen, auf
Vernunft beruhend". Und im gleichen
Wörterbuch wird „Vernunft" definiert
als „Fähigkeit zur Erkenntnis und das
Vermögen, sie anzuwenden".

was sinnlos ist. –

> Denn nach der Naturwissenschaft ist
> der Mensch lediglich ein reagierendes
> Wesen.

Hat er ihn gefragt?

> Hat der Mensch den Tannenbaum ge-
> fragt?

Sie ziehen mit Acht über die Bahn in harmonischer Konstellation.

> Im Wö. d. dt. Spr. v. Be. hat „ziehen"
> unter anderem die Bedeutung von „in
> großen Gruppen marschieren, wandern,
> fliegen". – Mit „Acht" und „Bahn" ist
> im Textzusammenhang sicherlich die
> Achterbahn gemeint. – Im Wö. d. dt.
> Spr. v. Be. hat „Konstellation" an erster
> Stelle die Bedeutung von „Zusammen-
> treffen (von Umständen), bestimmte
> Lage, Situation".

Alles braucht sich!

> „Etwas oder jemanden brauchen" be-
> deutet nach dem Wö. d. dt. Spr. v. Be.
> „etwas oder jemanden nötig haben".

Eh ja!

> In Anspielung auf das Weihnachtslied:
> „Zu Bethlehem geboren, ist uns ein
> Kindelein, das hab' ich auserkoren, sein
> eigen will ich sein. Eia, eia, sein eigen
> will ich sein ..."

Ich saufe!

> Nach der zunehmenden Veränderung
> des Schriftbilds im Tagebuch zu urteilen
> trank ich während des Tagebuchein-
> trags Alkohol.

Im Fluss der Buchstaben!

> Also während der Inspiration bzw. des
> automatischen Schreibens.

**Sie überspülen das Land und machen es frucht-
bar!**

> Wieder ein Hinweis auf die, mir damals
> aber nicht bewusst, von der Geistigen
> Welt geplante Veröffentlichung der Ta-
> gebuchtexte.

Ein halber Ton höher, Meister, und ich könnte mich begeistern!

> *Bei der vorangegangenen Bemerkung dachte ich wohl, mir aber nicht bewusst, d.h. inspiriert, an Jauche oder Gülle. – Im Wö. d. dt. Spr. v. Be. hat „Ton" an fünfter Stelle die Bedeutung von „(vom Gefühl bestimmte) Sprechweise, Redeweise", zum Beispiel „ich verbitte mir diesen (aggressiven, unverschämten) Ton". – Im gleichen Wörterbuch hat „hoch" an sechster Stelle die Bedeutung von „im Rang, in einer Stufenleiter weiter oben stehend".*

Man hat ihn abgeschlagen

> *Nämlich den Tannenbaum.*

und trägt ihn fort mit krummen Beinen!

> *Im Wö. d. dt. Spr. v. Be. hat „krumm" an zweiter Stelle (im übertragenen Sinn) die Bedeutung von „unehrlich, gesetzeswidrig". – „Das Bein gibt im Traum Aufschlüsse über die Lebenseinstellung. Unsere Sprache verwendet im übertragenen Sinne die Begriffe Gehen, Stehen, Fortschritt, Rückschritt für*

entsprechende   Lebenssituationen   ...“
(Günter Harnisch)
Könnte sich folgender Dialog entwickeln:

Warum?

So, so.

Wie spät?

Es ist kalt.

Der Winter macht's.
> „... Sonst aber ist es in der Seele kalt,
wenn man von Eis und Schnee träumt.
Die Winterlandschaft hat etwas Großes
und Erschreckendes ...“ (Ernst Aeppli).

Viele Menschen?

Wer weiß.

Der Tannenbaum!

Ja, der Tannenbaum ist abgewrackt. Für wen?!
Die Stille Nacht ist nicht literarisch,
> Im Wö. d. dt. Spr. v. Be. hat „litera-
risch“ an erster Stelle die Bedeutung
von „zur (schönen) Literatur gehörend“.

eher polemisch.

> ➤ *Nämlich durch die Art und Weise, wie ich gerade schreibe. – Im Wö. d. dt. Spr. v. Be. hat „polemisch" an erster Stelle die Bedeutung von „in der Art einer Polemik" und an zweiter Stelle von „streitbar, feindselig, unsachlich".*

Darum schweige ich. Nach vier Wochen ist er entblößt. Seine Nadeln liegen verfärbt im Eimer, das Holz jault im Kamin. Irdischer Gang der Dinge. Will's einer ändern? Wir fühlen uns wohl – oder wohl nicht?

Kaum unterschieden vom Glas,

> ➤ *Das man nämlich nur sieht, wenn man mit ihm in Berührung gekommen ist.*

eine obere Fläche,

> ➤ *Gemeint ist hiermit eine geistige Ebene bzw. die Geistige Welt, denn in meinen inspirierten Tagebuchtexten symbolisiert die „Fläche" meist einen Lebensbereich bzw. unser irdisches Betätigungsfeld.*

durchzogen vom Grenzfall,

> ➤ *In Verbindung mit der obigen Textstelle „Kritiker sagen: ,Gemeingefährlich und*

verderblich‘ und reißen das schmiedeeiserne Tor der Anstalt auf!“ ist hier mit
„Grenzfall“ sicherlich mein sprachlicher
Ausdruck gemeint, der auf eine „Bor-
derline-Persönlichkeitsstörung“ zurück-
geführt werden könnte. – Im Wö. d. dt.
Spr. v. Be. hat „Grenzfall“ an erster
Stelle die Bedeutung von „an der Gren-
ze des Normalen liegender Fall“.
schloss das Manuskript abrupt.
> Nämlich das Manuskript „Der Tannen-
baum“. – Die Verwendung des Wortes
Manuskript halte ich für einen Vorgriff
auf die spätere Zeit der Veröffentlichung des Tagebuchs.

–

„Absolut“, hörte ich heute, „unmäßig“!
> Diese Worte, bezogen auf mich, standen
in einem Brief von G.
Wer ist stolzer als ich?
> Das heißt, ich bildete mir etwas darauf
ein.

Und ärmlicher, elender?

Weg da, ich scheuche den Schatten,

> ,,Der Träumende meint, von jemanden in den Schatten gestellt zu werden, oder er empfindet sich nur noch als Schatten seiner selbst. Meist deutet dieses Traumbild auf ein beeinträchtigtes Selbstwertgefühl. Manchmal symbolisieren Schattenbilder auch Vorgänge aus dem Unbewussten ..." (Günter Harnisch)

die Zeit ist weniger korrupt als damals!

> In Verbindung mit ,,damals" ist wohl die Zeit zum Zeitpunkt des Tagebucheintrag gemeint. – Im Wö. d. dt. Spr. v. Be. hat ,,korrupt" an zweiter Stelle die Bedeutung von ,,innerlich, moralisch verdorben".

Ihre nackte Brust lässt sich liebkosen, ihr Herz klopft in der Hand der Unverschämtheit! Man darf dem berühmten Fuhrmann nicht misstrauen!

> Mit dem ,,berühmten Fuhrmann" ist im Textzusammenhang sicherlich das Herz gemeint, die göttliche Führung, denn ,,Das Herz ist das Symbol für körperli-

che Lebensenergie, aber auch für Liebe, für Gefühlsfähigkeit. Nach der Symbolik des Mittelalters war das Herz das Bild der Sonne im Menschen. Auch dieses Bild weist deutlich auf die Bedeutung dieses Organs für die Versorgung mit Lebensenergie hin …" (Günter Harnisch)

Zu oft sind Zweifel am Wesentlichen vorbeigegangen und blieben ohne Rechtfertigung!

Ich muss noch arbeiten.

> ➢ Im Textzusammenhang wohl real und symbolisch zu verstehen, denn zu „Arbeit" schreibt Günter Harnisch: „In der Traumsprache kündigt sich mit diesem Bild meist die Notwendigkeit einer Persönlichkeitsentwicklung an. Sie ist mit Arbeit an uns selbst verbunden."

2:10 Uhr hat der Turmwächter gerufen.

> ➢ Wohl zu ergänzen zu: Um 2:10 Uhr hat der Turmwächter gerufen. – Mit letzterem ist sicherlich mein Gesprächspartner gemeint, der mich gerade kommentierte. – „Wie in der Wirklichkeit ermöglichen Türme auch als

Traumsymbol mehr Überblick. Das Erklettern eines Turmes deutet daher auf Streben nach Erkenntnis. Der Rundblick von einem Turm symbolisiert besseren Weitblick ..." (Günter Harnisch)

Ich folge ihm.

> Im Wö. d. dt. Spr. v. Be. hat „folgen" an zweiter Stelle die Bedeutung von „sich nach jemandem oder einer Sache richten".

Hoffentlich gehen ihm die geübten Beine nicht durch.

> Im Wö. d. dt. Spr. v. Be. hat „durchgehen" an zweiter Stelle die Bedeutung von „erregt davonlaufen, ohne auf das Eingreifen des Reiters oder Kutschers zu achten", zum Beispiel „das Pferd ist durchgegangen".

Kaum Ereignisse. Früh um 11:00 Uhr aufgestanden. Besorgungen in der Stadt gemacht, gegessen, gelernt, ein kleines Köpfchen fabriziert, dann nach Kurz, Chemie, Physik, Anatomie bis 23:30 Uhr, nach Hause, jetzt hier, gegessen, getrunken, gelacht. Wie oft? Das ist mein Geheimnis. Mit Kurz Frage diskutiert: Geburtenregelung – ja oder nein. Schwierige Sache! Gefühlsmäßig ein Verbrechen, wird sie aber doch in naher Zukunft zumindest für überbesiedelte Länder eine strenge Notwendigkeit werden. Mein Vorschlag, zwei Kinder für jedes Ehepaar, das Mehr durch kinderlose Familien erlaubt, für außergewöhnliche Leistungen. Frage, wer beurteilt die Leistungen und welcher Art sind diese?

Aufgliederung des Textes und Erläuterung

> *Die fett geschriebenen Textstellen sind möglicherweise inspiriert.*

Kaum Ereignisse. Früh um 11:00 Uhr aufgestanden. Besorgungen in der Stadt gemacht, gegessen, gelernt, ein kleines Köpfchen fabriziert.

> *Gemeint ist ein kleines Köpfchen, das ich aus Plastikmasse modellierte. Am*

ehesten war es der Versuch einer
Nachbildung von G.'s Kopf.
Dann nach K.:

> K. war ein Freund aus der Abendgym-
> nasialzeit.

Chemie, Physik, Anatomie bis 23:30 Uhr, nach
Hause. Jetzt hier, gegessen, getrunken, gelacht.

Wie oft?

Das ist mein Geheimnis. Mit K. Frage diskutiert:
Geburtenregelung – ja oder nein?

Schwierige Sache!

Gefühlsmäßig ein Verbrechen, wird sie aber doch
in naher Zukunft zumindest für überbesiedelte
Länder eine strenge Notwendigkeit werden.
Mein Vorschlag: zwei Kinder für jedes Ehepaar.
Ein Mehr durch kinderlose Familien erlaubt – für
außergewöhnliche Leistungen.

> Aus meiner heutigen Sicht recht naiv.

**Frage: Wer beurteilt die Leistungen und welcher
Art sind diese?**

Eine ungesunde Zeit, könnte man sagen, die besser verschlafen werden sollte. Eine schreckliche Unruhe. Und zwei ging ich ins Bett, versuchte ohne Erfolg zu schlafen und stand wieder auf, holte Wein aus dem Keller und setzte mich mit diesem an den Schreibtisch. Das ist die Situation, verzweifelt rief ich nach G. – vielleicht hat sie es gehört. Ich habe ihr was zu beichten. In den letzten Tagen war ich viel bei Kurz, machte mit ihm Wiederholungen für sein Vorphysikum. Nun wohnt bei Kurz seit einiger Zeit ein Mädchen, die Verlobte von einem Italiano. Obwohl dieses Mädchen durch die Art ihres Gelderwerbs, wie viele sagen, zum Ausschuss der Menschheit gehört – Striptease, Nackttänzerin in „Kleinparis" und bundesrepublikanischen Nachtlokalen – gefiel sie mir, ich hatte sie gern, hätte mich, wenn sie und ich (sie hat einen netten Jungen) auf der Stelle kopflos in sie verliebt. Wie das möglich ist, war für mich ganz einfach. Sie hat auffallende Ähnlichkeit mit G., glaubt ohne Schmutz an ihren Beruf, ist überzeugt, dass ihre Arbeit kein Dreck, sondern Teil ihres Lebens ist, von dem sie nicht ab kann. Sie vertelefonierte jeden Abend 50 DM mit ihrem Freund, der in Neapel ist. Da hätte man den rationellen Kurz hören sollen. „Verliebt", meinte er mit einem verächtlichen Lächeln.

So ist es jetzt, dass ich furchtbar traurig bin, dass ich mit Sehnsucht auf mein G. warte, von dem ich glaube, dass es mich lieb hat, wie es nur in einem schönen Traum Wirklichkeit wird.

(X) Denn die Fülle des gelben Tores hat meine Zeit geöffnet, die lange ein leeres Nichts war, die beinahe zum Ende aller Vernunft geworden wäre.

(Y) Eine verlorene Krippe, tief in der Dunkelheit eines Stalles. Das faszinierende Chanson, früh am Tag. Vor Jahren lebten da Tiere von seltsamem Aussehen. Sie hatten keine Augen, an ihrer Stelle trugen sie weiße Herzen der Sommernacht. Belächelt und besungen. Eine weiße Decke, so weiß wie die Herzen, ruhte auf Wänden. Dort waren zwei Fenster und eine Tür, die zum Hof hinausführte. Eine Krippe am gelben Nachmittag, der Lärm der Straße malte sie und fraß zugleich ihren Inhalt. Ich habe die Krippe gesehen. Sie stand am Abend unter südlichem Himmel und betete zur Vergangenheit. Sie betete sehr leise, doch ihr Gebet war der furchtbarste Schrei, den ich je hörte. Ich fand es albern und weinte, denn niemand war da, der ihr Gebet erhörte. Als ich weiterging, kam ich zu einem roten Fluss. Ich bezweifelte seine Farbe und dachte, in diesen Zeiten ist sie eine verlorene Sache. Ein viereckiger Tisch. Er raubt mir Zeit, deren ich zu viel und zu wenig habe. Dann sehe ich sie in weiten Hosen. Kein Hass, nein. Ich würde ihn nicht mehr wagen, ich liebe unsere Armut. Was hat man begraben? Ich sagte, eine Frau, einen Mann und ein Kind. Doch niemand glaubte es, denn sie trugen Kränze zum Friedhof. Ich möchte lächeln, ganz lieb lächeln. Da ist eine ganz große Sache, ein maßloser Glaube an einen kleinen blauen Mund, den ich zu meinem Leben mache. Ich liebe seine Lüge und die Wahrheit, die er selten sagt. Es lärmt, ich rauche und wundere mich. Eine verlorene Krippe, die ich am Abgrund traf. Ich redete mit ihr und fand den Abend schön. Störender Lärm, weiße Strähnen in wildem Durcheinander, ein Mensch – siehe da, ein Mensch. Er atmet Tod, doch seine Augen leuchten, er sieht Farben, die er zu Menschen macht, zu Menschen – ein hysterischer Schrei, eine Auflehnung, die schließlich in einer kleinen Plastik versandet. Die Erde hat große Löcher mit gefährlicher Tiefe. Manchmal sind sie Zufälle, manchmal erwirkt, aus welchen dann große Finger in den verfluchten Regen starren und sagen: stirb. Doch Sterben ist einfach wie das Wort und erhöht und erniedrigt nichts wie das unbewegte Wasser, dessen Kühle ich nicht suche. Mit gezwirbelten Feldern ist der Bauer ins Land eingezogen und füllte seine Scheunen und Krippen – Krippen aus starkem Licht, das die Nacht zu einer großen Gewissheit aufreißt. Gewissheiten sind regelmäßig keine Brötchen, die ich gerne mag. Ich konstruiere und kombiniere in Grenzen. Wer keine Lust hat, dem fehlt die Zeit: weil sie korrupt ist. Aber nein, auf den breiten Schultern eines Ochsen schlürft sich der Wein besser – oder? Weil er in Flammen stand, verlor er die Logik, weil er alles verwarf, hat man ihn verworfen. Nun ist er allein. Der Berg hat den Morgen gesehen und ruft ihn ins Tal. Die Menschen wachen auf und schüren das Feuer. Ihre Herzen sind farbig wie ihre Welt, ihre Macht klein wie die Vergänglichkeit. Trost? Nein! Oder doch? Ihre Vergänglichkeit macht sie traurig und krank. Eine verlorene Krippe, tiefer und tiefer verstrickt in dem Gewirr der Relationen. Das Wiegenlied und der Schrei der Starken – ein Kuss – so unendlich schön – und dann? Betrug?? Man weiß es nicht. Sie haben alle versagt: die Großen, die Kleinen, wer wagt die Definition. Am Abend, wie oft dieses Wort, ziehen Geschütze des Wahnsinns und morden und sagen: wir müssen es. Wo gibt es Liebe? Ist sie verrucht wie alles? Sie sind Tiere, die ihren Futternapf erkämpfen. Ich warte auf mich und sehe die Sekunden, die ihre Zeit vergeuden.

Aufgliederung des Textes

Eine ungesunde Zeit, könnte man sagen, die besser verschlafen werden sollte. Eine schreckliche Unruhe. Um zwei ging ich ins Bett, versuchte – ohne Erfolg – zu schlafen und stand wieder auf, holte Wein aus dem Keller und setzte mich mit diesem an den Schreibtisch. Das ist die Situation. Verzweifelt rief ich nach G. – vielleicht hat sie es gehört. Ich habe ihr was zu beichten. In den letzten Tagen war ich viel bei K., machte mit ihm Wiederholungen für sein Vorphysikum. Nun wohnt bei K. seit einiger Zeit ein Mädchen, die Verlobte von einem Italiener. Obwohl dieses Mädchen durch die Art ihres Gelderwerbs, wie viele sagen, zum Ausschuss der Menschheit gehört – Striptease, Nackttänzerin in „Klein-Paris" und bundesrepublikanischen Nachtlokalen – gefiel sie mir, ich hatte sie gern, hätte mich, wenn sie und ich … (sie hat einen netten Jungen), auf der Stelle kopflos in sie verliebt. Wie das möglich ist, war für mich ganz einfach. Sie hat auffallende Ähnlichkeit mit G., glaubt ohne Schmutz an ihren Beruf, ist überzeugt, dass ihre Arbeit kein Dreck, sondern Teil ihres Lebens ist, von dem sie nicht ab kann. Sie vertelefonierte jeden Abend 50 DM mit ihrem Freund, der in Neapel ist. Da hätte man den rationellen K. hören sollen! „Verliebt", meinte er mit einem verächtlichen Lächeln.

So ist es jetzt, dass ich furchtbar traurig bin, dass ich mit Sehnsucht auf mein G. warte, von dem ich glaube, dass es mich lieb hat, wie es nur in einem schönen Traum Wirklichkeit wird.

—

(X): Denn die Fülle des gelben Tores hat meine Zeit geöffnet, die lange ein leeres Nichts war, die beinahe zum Ende aller Vernunft geworden wäre.

(Y): Eine verlorene Krippe, tief in der Dunkelheit eines Stalles. Das faszinierende Chanson, früh am Tag. Vor Jahren lebten da Tiere von seltsamem Aussehen. Sie hatten keine Augen. An ihrer Stelle trugen sie weiße Herzen der Sommernacht. Belächelt und besungen. Eine weiße Decke, so weiß wie die Herzen, ruhte auf Wänden. Dort waren zwei Fenster und eine Tür, die zum Hof hinausführte. Eine Krippe am gelben Nachmittag. Der Lärm der Straße malte sie und fraß zugleich ihren Inhalt.

Ich habe die Krippe gesehen. Sie stand am Abend unter südlichem Himmel und betete zur Vergangenheit. Sie betete sehr leise, doch ihr Gebet war der furchtbarste Schrei, den ich je hörte. Ich fand es albern und weinte, denn niemand war da, der ihr Gebet erhörte.

Als ich weiterging, kam ich zu einem roten Fluss. Ich bezweifelte seine Farbe und dachte, in diesen Zeiten ist sie eine verlorene Sache. Ein viereckiger Tisch. Er raubt mir Zeit, deren ich zu viel und zu wenig habe. Dann sehe ich sie in weiten Hosen. Kein Hass, nein, ich würde ihn nicht mehr wagen, ich liebe unsere Armut.

Was hat man begraben?

Ich sagte, eine Frau, einen Mann und ein Kind. Doch niemand glaubte es, denn sie trugen Kränze zum Friedhof. Ich möchte lächeln, ganz lieb lächeln.

Das ist eine ganz große Sache!

Ein maßloser Glaube an einen kleinen blauen Mund, den ich zu meinem Leben mache. Ich liebe seine Lüge und die Wahrheit, die er selten sagt. – Es lärmt. Ich rauche und wundere mich. Eine verlorene Krippe, die ich am Abgrund traf. Ich redete mit ihr und fand den Abend schön. – Störender Lärm, weiße Strähnen in wildem Durcheinander.

Ein Mensch – siehe da, ein Mensch! Er atmet Tod, doch seine Augen leuchten! Er sieht Farben, die er zu Menschen macht!

Zu Menschen?! – Ein hysterischer Schrei, eine Auflehnung, die schließlich in einer kleinen Plastik versandet!

Die Erde hat große Löcher mit gefährlicher Tiefe!

Manchmal sind sie Zufälle, manchmal erwirkt, aus welchen dann große Finger in den verfluchten Regen starren und sagen: Stirb!

Doch Sterben ist einfach wie das Wort und erhöht und erniedrigt nichts!

Wie das unbewegte Wasser, dessen Kühle ich nicht suche. Mit gezwirbelten Feldern ist der Bauer ins Land eingezogen und füllte seine Scheunen und Krippen.

Krippen aus starkem Licht, das die Nacht zu einer großen Gewissheit aufreißt!

Gewissheiten sind regelmäßig keine Brötchen, die ich gerne mag. Ich konstruiere und kombiniere in Grenzen.

Wer keine Lust hat, dem fehlt die Zeit!

Weil sie korrupt ist.

Aber nein!

Auf den breiten Schultern eines Ochsen schlürft sich der Wein besser – oder?

Weil er in Flammen stand, verlor er die Logik! Weil er alles verwarf, hat man ihn verworfen! Nun ist er allein!

Der Berg hat den Morgen gesehen und ruft ihn ins Tal. Die Menschen wachen auf und schüren das Feuer. Ihre Herzen sind farbig wie ihre Welt, ihre Macht klein wie die Vergänglichkeit.

Trost?

Nein!

Oder doch?

Ihre Vergänglichkeit macht sie traurig und krank, ...

Eine verlorene Krippe!

... tiefer und tiefer verstrickt in dem Gewirr der Relationen.

Das Wiegenlied?!

Und der Schrei der Starken!

Ein Kuss?!

So unendlich schön!

Und dann? – Betrug??

Man weiß es nicht. Sie haben alle versagt: die Großen, die Kleinen.

Wer wagt die Definition?!

Am Abend …

Wie oft dieses Wort!

… ziehen Geschütze des Wahnsinns und morden und sagen: „Wir müssen es!" Wo gibt es Liebe? Ist sie verrucht wie alles? Sie sind Tiere, die ihren Futternapf erkämpfen. Ich warte auf mich und sehe die Sekunden, die ihre Zeit vergeuden.

<u>Deutung</u>
> Tagebucheintrag ab dem zweiten Teil inspiriert.

Eine ungesunde Zeit, könnte man sagen, die besser verschlafen werden sollte.
> Gemeint ist die oben angegebene Nachtzeit.

Eine schreckliche Unruhe.

➢ *Wie so oft in der damaligen Zeit.*

Um zwei ging ich ins Bett, versuchte– ohne Erfolg – zu schlafen und stand wieder auf, holte Wein aus dem Keller und setzte mich mit diesem an den Schreibtisch. Das ist die Situation. Verzweifelt rief ich nach G. – vielleicht hat sie es gehört. Ich habe ihr was zu beichten. In den letzten Tagen war ich viel bei K., machte mit ihm Wiederholungen für sein Vorphysikum. Nun wohnt bei K. seit einiger Zeit ein Mädchen, die Verlobte von einem Italiener. Obwohl dieses Mädchen durch die Art ihres Gelderwerbs, wie viele sagen, zum Ausschuss der Menschheit gehört – Striptease, Nacktänzerin in „Klein-Paris" und bundesrepublikanischen Nachtlokalen – gefiel sie mir, ich hatte sie gern, hätte mich, wenn sie und ich ...

➢ *Der letzte Satzteil ist wohl zu ergänzen*

 zu: wenn sie und ich frei gewesen wären (sie hat einen netten Jungen), auf der Stelle kopflos in sie verliebt. Wie das möglich ist, war für mich ganz einfach. Sie hat auffallende Ähnlichkeit mit G., glaubt ohne Schmutz an ihren Beruf, ist überzeugt, dass ihre Arbeit kein Dreck, sondern Teil ihres Lebens ist, von dem sie nicht ab kann. Sie vertelefonierte jeden Abend 50 DM mit ihrem Freund, der in Neapel ist. Da hätte man den rationellen K. hören sollen! „Verliebt", meinte er mit einem verächtlichen Lächeln.

So ist es jetzt, dass ich furchtbar traurig bin, dass ich mit Sehnsucht auf mein G. warte, von dem ich glaube, dass es mich lieb hat, wie es nur in einem schönen Traum Wirklichkeit wird.

—

(X): Denn die Fülle des gelben Tores hat meine Zeit geöffnet,

> „X" als weibliches Geschlechtschromosom. Mit der „Fülle des gelben Tores" ist im Textzusammenhang die Sonne gemeint. — „Tür und Tor zeigen im Traum Zugangsmöglichkeiten an, deren Art sich aus der weiteren Traumhandlung bestimmen lässt ..." (Günter Harnisch). — „Das Gelb ähnelt der Farbe des Goldes. Es symbolisiert Reife, Ernte und geistige Aktivität." (Günter Harnisch)

die lange ein leeres Nichts war,

> Im Wörterbuch der deutschen Sprache von Bertelsmann (Wö. d. dt. Spr. v. Be.) hat „leer" an dritter Stelle (im übertragenen Sinn) die Bedeutung von „geistlos, ohne Inhalt". — Im gleichen

> Wörterbuch hat „Nichts" an zweiter
> Stelle die Bedeutung von „Geringfügig-
> keit, Wertloses".

die beinahe zum Ende aller Vernunft geworden
wäre.

> ➤ Nämlich im Rahmen des Materialismus.
> – Im Wö. d. dt. Spr. v. Be. wird „Ver-
> nunft" definiert als „Fähigkeit zur Er-
> kenntnis und das Vermögen, sie anzu-
> wenden".

(Y): Eine verlorene Krippe, tief in der Dunkelheit
eines Stalles.

> ➤ „Y" als männliches Geschlechtschromo-
> som. – Gemeint ist die Krippe mit dem
> Jesuskind. – Synonyme für „verloren
> gehen" sind nach dem Duden unter an-
> derem „abhanden kommen, verküm-
> mern, verschwinden, wegfallen". –
> „Was im Dunkel liegt, kann man nicht
> durchschauen und nicht begreifen. Da-
> mit sind Gedanken, Gefühle und Hand-
> lungen gemeint. Als Traumbild weist die
> Dunkelheit meist auf Verständnislosig-
> keit, Unwissenheit, das Unbewusste,

Angst, Alter und Tod hin. Dieses Bild stellt oft unklare Ahnungen und Gefühle dar, Zweifel und Ungewissheit ...“ (Günter Harnisch). – „Der Stall ist in den Träumen meist der Ort der tierhaften Seite in uns. Er gibt Hinweise auf das Triebleben.“ (Günter Harnisch)

Das faszinierende Chanson, früh am Tag.

> ➤ Wohl in der Realität, möglicherweise aber auch auf diesen Tagebuchtext zu beziehen. – Ein Synonym für „Chanson“ ist nach Thesaurus unter anderem „Sprachgesang“.

Vor Jahren lebten da Tiere von seltsamem Aussehen.

> ➤ Nämlich im genannten Stall

Sie hatten keine Augen.

> ➤ „Im Volksmund bezeichnet man die Augen als den Spiegel der Seele. Das Auge hat im Traum die Symbolbedeutung eines Bewusstseinsorgans ...“ (Günter Harnisch)

An ihrer Stelle trugen sie weiße Herzen der Sommernacht.

> „Das Herz ist das Symbol für körperliche Lebensenergie, aber auch für Liebe, für Gefühlsfähigkeit. Nach der Symbolik des Mittelalters war das Herz das Bild der Sonne im Menschen. Auch dieses Bild weist deutlich auf die Bedeutung dieses Organs für die Versorgung mit Lebensenergie hin ...“ (Günter Harnisch). – „In unserem Kulturkreis gilt Weiß als Farbe der Reinheit und Unschuld ...“ (Günter Harnisch). – Die Sommernacht ist kurz und weniger dunkel. – „Die Nacht stellt im Traum den gesamten Bereich des Unbewussten dar, der im Dunkeln liegt.“ (Günter Harnisch)

Belächelt und besungen.

> Belächelt von den Ungläubigen und besungen von den Gläubigen.

Eine weiße Decke, so weiß wie die Herzen, ruhte auf Wänden.

> „Eine Decke bedeckt und schützt meist etwas, aber sie verhüllt, verbirgt und verheimlicht auch ...“ (Günter Harnisch). – Und zu Wand heißt es bei

Günter Harnisch: „Dieses Traumbild kommt in zwei unterschiedlichen Bedeutungen vor: Einmal verkörpert die Wand Schutz und Geborgenheit. Zum anderen stellt sie ein Hindernis dar."

Dort waren zwei Fenster und eine Tür, die zum Hof hinausführte.

> Im Wö. d. dt. Spr. v. Be. wird „Fenster" an erster Stelle definiert als „verglaste Wandöffnung (zur Belichtung und Belüftung von Räumen)". — „Ist die Eins die Zahl des allumfassenden, unteilbaren Bewusstseins Gottes, der Wahrheit und des Lebens, so ist die Zwei Ausdruck der Erscheinungsform der sich in Seinem Bewusstsein als Gedanke fortsetzenden Welt …" (Heinrich Elijah Benedikt in ‚Die Kabbala'). — „Tür und Tor zeigen im Traum Zugangsmöglichkeiten an, deren Art sich aus der weiteren Traumhandlung bestimmen lässt …" (Günter Harnisch). — Im Wö. d. dt. Spr. v. Be. hat „Hof" an erster Stelle lle die Bedeutung von „zu einem Gebäude

gehöriges, umschlossenes Gelände" und an dritter Stelle von „Sitz eines regierenden Fürsten".

Eine Krippe am gelben Nachmittag.

> „Die Mittagsstunde ist ein Orientierungshinweis für die Traumsituation. Sie ist die Zeit, in der die Sonne ihren Höchststand erreicht. Damit kann gemeint sein, dass sich die Traumproblematik stark dem Bewusstsein nähert. Häufig symbolisiert der Mittag aber auch die Zeit der Lebensmitte." (Günter Harnisch).– „Das Gelb ähnelt der Farbe des Goldes. Es symbolisiert Reife, Ernte und geistige Aktivität." (Günter Harnisch)

Der Lärm der Straße malte sie und fraß zugleich ihren Inhalt.

Ich habe die Krippe gesehen. Sie stand am Abend unter südlichem Himmel

> Nämlich, im übertragenen Sinn, im Garten Gethsemane am Ölberg.

und betete zur Vergangenheit.

> Denn „Im Anfang war das Wort, und das Wort war bei Gott, und Gott war das Wort“. (Johannes 1,1)

Sie betete sehr leise, doch ihr Gebet war der furchtbarste Schrei, den ich je hörte. Ich fand es albern und weinte,

> Im Wö. d. dt. Spr. v. Be. hat „albern“ an erster Stelle die Bedeutung von „töricht, kindisch“.

denn niemand war da, der ihr Gebet erhörte.

Als ich weiterging,

> Als ich weiterging auf meinem Lebensweg

kam ich zu einem roten Fluss.

> „Flüsse und Ströme im Traum symbolisieren oft den Strom des Lebens …“ (Günter Harnisch). – „Rot ist eine außerordentlich wirksame, ist eine aktive Farbe. Sie ist die Farbe des Blutes, des Feuers, sie ist leidenschaftlich und enthält Angriffiges. Gemildert ist sie die Farbe der Liebe, des Herzens, aber auch der Barmherzigkeit …“ (Ernst Aeppli)

Ich bezweifelte seine Farbe

> Nämlich infolge meiner Wissenschafts-
> gläubigkeit. – „Etwas bezweifeln" be-
> deutet nach dem Wö. d. dt. Spr. v. Be.
> „Zweifel an etwas haben, etwas nicht
> glaube".

und dachte, in diesen Zeiten ist sie eine verlorene Sache.

> Nämlich in den Zeiten des Materialis-
> mus.

Ein viereckiger Tisch.

> Unter Berücksichtigung meiner Lebens-
> geschichte ist damit der gemeinsame
> Tisch in Ehe und Familie gemeint, also
> die Gründung einer Familie. – Bezüglich
> Tisch schreibt „Der Traumdeuter.ch"
> unter anderem: „<u>Allgemein:</u> Ein Tisch
> ist ein Möbelstück mit sozialen oder be-
> ruflichen Funktionen und symbolisiert
> im Traum Entscheidungsfähigkeit. Er ist
> ein Ort der Familienzusammenkünfte,
> und für den Träumenden sind die ge-
> meinsam eingenommenen Mahlzeiten
> vielleicht ein wichtiges Ritual …"

Er raubt mir Zeit, deren ich zu viel und zu wenig
habe.

> ➢ Zu viel, weil ich damals infolge meiner wissenschaftsgläubigen Vorstellung von „Leben" oft meines Lebens überdrüssig war. Zu wenig in Bezug auf meine momentanen bzw. geplanten Aktivitäten.

Dann sehe ich sie in weiten Hosen.

> ➢ Nämlich meine zukünftige Frau, die ich 1964 kennenlernte und 1965 heiratete, als Yogaschülerin und später als Yogalehrerin.

Kein Hass, nein, ich würde ihn nicht mehr wagen, ich liebe unsere Armut.

> ➢ Im Wö. d. dt. Spr. v. Be. wird „Armut" definiert als „Zustand des Armseins".

Was hat man begraben?

> ➢ Synonyme für „begraben" sind nach dem Duden unter anderem „aufgeben, beenden, hinter sich lassen".

Ich sagte, eine Frau, einen Mann und ein Kind.

> ➢ Gemeint ist damit wohl im Textzusammenhang die Heilige Familie.

Doch niemand glaubte es, denn sie trugen Kränze zum Friedhof. Ich möchte lächeln, ganz lieb lächeln.

Das ist eine ganz große Sache!

> Synonyme für Sache sind nach dem Duden unter anderem „Angelegenheit, Umstand, Vorgang, Geschehen".

Ein maßloser Glaube an einen kleinen blauen Mund,

> Gemeint ist der Mund meiner ersten Freundin, nämlich G., der nachts bei Kälte und Regen und im Schein der modernen Straßenlampen blau aussah.

den ich zu meinem Leben mache. Ich liebe seine Lüge und die Wahrheit, die er selten sagt. –
Es lärmt. –

> Mit einem Bezug zu meinen Aussagen im letzten Satz und im Textzusammenhang zu übersetzen mit: Es wird protestiert. (Denn „Lärm schlagen" bedeutet nach dem Wö. d. dt. Spr. v. Be. „laut protestieren".)

Ich rauche und wundere mich.

> Nämlich über das, was ich schreibe.

Eine verlorene Krippe,

> Zurückkommend auf obige Textstelle: „Eine verlorene Krippe, tief in der Dunkelheit eines Stalles."

die ich am Abgrund traf.

> ➢ „Ein Abgrund symbolisiert meist Lebensschwierigkeiten oder eine kritische Situation. Führt ein Weg des Träumenden an den Abgrund und nicht weiter, so ist dies ein Warnsignal, das er ernst nehmen sollte …" (Günter Harnisch)

Ich redete mit ihr und fand den Abend schön. – Störender Lärm,

> ➢ Letzterer ist wieder zu übersetzen mit: Es wird protestiert.

weiße Strähnen in wildem Durcheinander.

> ➢ In Verbindung mit obigem „Ich rauche" und dem nachfolgenden Kommentar sicherlich verursacht von meiner qualmenden Zigarette.

Ein Mensch – siehe da, ein Mensch! Er atmet Tod,

> ➢ Nämlich den vorzeitigen Tod als Folge des Rauchens

doch seine Augen leuchten! Er sieht Farben, die er zu Menschen macht!

> ➢ Bezugnehmend auf oben angeführte Farben. – „Im Volksmund bezeichnet man die Augen als den Spiegel der See-

le. Das Auge hat im Traum die Symbolbedeutung eines Bewusstseinsorgans ...“ (Günter Harnisch)

Zu Menschen?! – Ein hysterischer Schrei, eine Auflehnung,

> Nämlich meinerseits

die schließlich in einer kleinen Plastik versandet!

> Am 27. November schrieb ich ins Tagebuch: „Eine, zwei Plastiken heute noch gemacht, einen Totenkopf, oder besser, das schmerzverzerrte Gesicht eines gequälten Mannes ...“ – Im Wö. d. dt. Spr. v. Be. hat „versanden“ an dritter Stelle die Bedeutung von „im Sand verlaufen, ohne Ergebnis bleiben“. „In der Traumsprache ist Sand meist ein Symbol für Zeit und Vergänglichkeit ...“ (Günter Harnisch)

Die Erde hat große Löcher mit gefährlicher Tiefe!

> „Im Schoß der Erde liegt die Saat. Sie reift zu neuem Leben heran. Dementsprechend weist Erde als Traumsymbol

meist auf Körperlichkeit, Fruchtbarkeit, Mütterlichkeit und Nähren hin. Wer tief in die Erde eindringt, gelangt in Bereiche der Vergangenheit, der Geschichte und des Todes ..." (Günter Harnisch). – Zu „Loch" heißt es beim gleichen Autor unter anderem: „Tritt dieses Symbol im Sinne von Abgrund auf, so deutet es auf Unsicherheit, Hilflosigkeit und mangelndes Selbstvertrauen ..."

Manchmal sind sie Zufälle,

> Aus meiner damaligen wissenschaftsgläubigen bzw. materialistischen Sicht. – Im Wö. d. dt. Spr. v. Be. wird „Zufall" definiert als ein „unerwartetes, nicht vorhersehbares Ereignis".

manchmal erwirkt,

> Nach dem Wö. d. dt. Spr. v. Be. hat „erwirken" die Bedeutung von „durch Bitten, Einsatz o. Ä. erlangen, erreichen".

aus welchen dann große Finger

> „Die Finger weisen meist auf Geschicklichkeit und einfache Gemütsregungen hin …" (Günter Harnisch)

in den verfluchten Regen starren

> „Und zum Mann sprach er: Weil du gehorcht hast der Stimme deiner Frau und gegessen von dem Baum, von dem ich dir gebot und sprach: Du sollst nicht davon essen –, verflucht sei der Acker um deinetwillen! Mit Mühsal sollst du dich von ihm nähren dein Leben lang." (1. Mose 3:17). – „Der Regen ist ein Fruchtbarkeitssymbol. Er hat vorwiegend die Bedeutung einer geistigen Befruchtung im Sinne von neuen und schöpferischen Ideen. Manchmal ist dieses Symbol aber auch Ausdruck von Traurigkeit oder depressiver Stimmung." (Günter Harnisch)

und sagen: Stirb!

> und lassen Suizidgedanken aufkommen.

Doch Sterben ist einfach wie das Wort und erhöht und erniedrigt nichts!

Wie das unbewegte Wasser,

> Nämlich am Grund eines Sees. – „Das Wasser symbolisiert im Traum unbewusste seelische Energie …" (Günter Harnisch)

dessen Kühle ich nicht suche. Mit gezwirbelten Feldern ist der Bauer ins Land eingezogen

> Synonyme für „zwirbeln" sind nach Thesaurus unter anderem „drillen, kräuseln, rollen, drehen" und nach Woxikon unter anderem „rollen, drehen, wirbeln".

und füllte seine Scheunen und Krippen.

> Als ein Synonym für „Krippe" wird im Duden an erster Stelle die „Futterkrippe" angegeben.

Krippen aus starkem Licht,

> Nämlich Krippen, die aus dem Licht der Sonne hervorgegangen sind. – „Licht ist Symbol für Bewusstsein, Verstand, Erkenntnisvermögen, geistige und gefühlsmäßige Klarheit, Ausgeglichenheit und Lebenskraft, Hoffnung und Freude am Leben …" (Günter Harnisch)

das die Nacht zu einer großen Gewissheit aufreißt!

> „„„Die Nacht stellt im Traum den gesamten Bereich des Unbewussten dar, der im Dunkeln liegt." (Günter Harnisch). – Im Wö. d. dt. Spr. v. Be. wird „Gewissheit" definiert als „Zustand des Gewisssseins, Bewusstsein der Wahrheit, Sicherheit".

Gewissheiten sind regelmäßig keine Brötchen, die ich gerne mag.

> „Im Traum ist das Brot ein Bild lebenserhaltender Speise. Es gibt Aufschlüsse über die seelische Nahrungszufuhr und Stärkung und gilt als positives Traumsymbol." (Günter Harnisch)

Ich konstruiere und kombiniere in Grenzen.

> Im Wö. d. dt. Spr. v. Be. hat „konstruieren" an erster Stelle die Bedeutung von „mit Hilfe von Überlegungen, Berechnungen entwerfen". – Im gleichen Wörterbuch hat „kombinieren" an erster Stelle die Bedeutung von „Zusammenhänge erfassen, herstellen, zwei

Dinge miteinander verknüpfen, als zu-
sammengehörig erkennen".

Wer keine Lust hat, dem fehlt die Zeit!

Weil sie korrupt ist.

> ➤ Im Wö. d. dt. Spr. v. Be. hat ,,korrupt"
> an erster Stelle die Bedeutung von ,,be-
> stechlich" und an zweiter Stelle von
> ,,innerlich, moralisch verdorben".

Aber nein!

Auf den breiten Schultern eines Ochsen schlürft
sich der Wein besser –

> ➤ Wohl zu verstehen im Sinne von: Sie
> kastrieren die Stiere, um sie für sich
> arbeiten zu lassen, damit sie selbst ein
> angenehmeres Leben führen können.

oder?

Weil er in Flammen stand, verlor er die Logik!

> ➤ ,,In Flammen stehen" bedeutet nach
> dem Redensarten-Index ,,heftig verliebt
> sein". – Im Wö. d. dt. Spr. v. Be. hat
> ,,Logik" an zweiter Stelle die Bedeutung

von folgerichtiges Denken, Folgerichtig-
keit".

Weil er alles verwarf, hat man ihn verworfen! Nun ist er allein!

Der Berg hat den Morgen gesehen und ruft ihn ins Tal.

> ➢ „Wer auf dem Gipfel eines Berges steht, hat einen Überblick über die Umgebung. [...] Im Traum deutet der Weg auf einen Berg auf die Annäherung an ein wichtiges Problem hin. Hindernisse und Mühen auf dem Weg symbolisieren die entsprechenden Schwierigkeiten in der Wirklichkeit. Wichtig für die Aussage des gesamten Traumes ist, was der Träumende auf dem Berg vorfindet und was sich dort ereignet." (Günter Harnisch) – „Der Morgen, die Morgendämmerung, die Morgenröte, der Sonnenaufgang – diese Zeitangaben im Traum haben positive Bedeutung. Etwas Wesentliches rückt in das Bewusstsein des Träumenden." (Günter Harnisch). – Zu „Tal" schreibt Günter Harnisch unter ande-

rem: „Dieses Traumbild weist auf einen Tiefpunkt hin, auf eine Krise im Denken, Fühlen oder Handeln des Träumenden ...“

Die Menschen wachen auf und schüren das Feuer.

> Im Wö. d. dt. Spr. v. Be. hat „aufwachen“ an zweiter Stelle die Bedeutung von „geistig lebhafter werden, Interesse an der Umwelt, am Leben gewinnen“. – „Feuer und Flammen treten im Traum in verschiedenen Bedeutungen auf, die sich meist aus dem Handlungszusammenhang näher bestimmen lassen. Das Feuer kann als Zeichen für eine seelische Reinigung und als Erneuerungs- und Wiedergeburtssymbol auftreten. Allgemein kennzeichnet es im positiven Sinne psychische Energie, wie sie sich in dem sprachlichen Bild der Lebensflamme ausdrückt. Ein zerstörendes Feuer signalisiert immer Gefahr. Sie kann in einer verzehrenden Leidenschaft, sexueller Abhängigkeit oder

starken und fanatischen Ideen begrün-
det sein." (Günter Harnisch).

Ihre Herzen sind farbig wie ihre Welt, ihre Macht klein wie die Vergänglichkeit.

Trost?

Nein!

Oder doch?

Ihre Vergänglichkeit macht sie traurig und krank, …

Eine verlorene Krippe!

> Nämlich als Ursache dafür.

… tiefer und tiefer verstrickt in dem Gewirr der Relationen.

> Im Wö. d. dt. Spr. v. Be. wird „Relati-
on" definiert als „Beziehung, Verhältnis (mehrerer Dinge zueinander)".

Das Wiegenlied!

> Als Hinweis auf eine positive Beziehung

Und der Schrei der Starken!

Ein Kuss?!

So unendlich schön!

Und dann? – Betrug??

Man weiß es nicht. Sie haben alle versagt: die Großen, die Kleinen.

Wer wagt die Definition?!

Am Abend …

> ➤ „Der Abend als Landschaftsbild oder als Stimmungslage ist meist ein Zeichen für den Träumenden, dass er sich in seinem Traum dem Bereich des Unbewussten nähern wird …" (Günter Harnisch)

Wie oft dieses Wort!

> ➤ Nämlich in meinen Tagebuchtexten

… ziehen Geschütze des Wahnsinns und morden und sagen: „Wir müssen es!"

> ➤ „Alle Arten von Waffen, ebenso alle Geräte und Werkzeuge, die sich als Waffen einsetzen lassen, deuten auf aggressive männliche Triebkraft hin. Sie zeigen Sexualität als rein körperlichen Vorgang. Die geistigen und seelischen Bereiche ei-

ner Partnerbeziehung werden nicht berücksichtigt." (Günter Harnisch)
Wo gibt es Liebe? Ist sie verrucht wie alles?

> Nach dem Wö. d. dt. Spr. v. Be. hat „verrucht" die Bedeutung von „schändlich, ruchlos".

Sie sind Tiere, die ihren Futternapf erkämpfen.
Ich warte auf mich

> Nämlich auf den, der ich bin

und sehe die Sekunden, die ihre Zeit vergeuden.

> In Verbindung mit dem obigen Kommentar „Und dann? – Betrug??" ist mit „Sekunden" sicherlich die kurze Zeit der sexuellen Höhepunkte gemeint.

Quellenverzeichnis

Ernst Aeppli: Der Traum und seine Deutung. Eugen Rentsch Verlag, Zürich 1943

Heinrich Elijah Benedikt: Die Kabbala. Verlag Hermann Bauer, Freiburg im Breisgau 2001

Bertelsmann: Wörterbuch der deutschen Sprache. Wissen Media Verlag GmbH (vormals Bertelsmann Lexikon Verlag GmbH), Gütersloh/München 2004

Dr. Friedrich W. Doucet: Das große Buch der Traumdeutung. Verlag Kremayr u. Scheriau, Wien 1978

Duden: Das Synonymwörterbuch. Dudenverlag, Mannheim/Zürich 2010

Duden: Die deutsche Rechtschreibung. Dudenverlag, Berlin/Mannheim/Zürich 2013

Georg Fink: Traumdeutung. Falken Verlag GmbH, Niedernhausen/Ts 1996

Günter Harnisch: Das große Traumlexikon. Herder Verlag, Freiburg im Breisgau 1989/1996

Pschyrembel: Klinisches Wörterbuch, 258. Aufl.

Redensarten-Index: Lexikon für Redewendungen, Redensarten, deutsche Sprichwörter

Lutz Röhrich: Lexikon der sprichwörtlichen Redensarten. Verlag Herder, Freiburg im Breisgau 2003

Thesaurus: Synonyme

Der Traumdeuter.ch (Internet)

Wahrig: Fremdwörterlexikon. Wissen Media Verlag GmbH, Gütersloh/München 2007
Wikipedia, die freie Enzyklopädie
Woxikon: Online Synonym-Wörterbuch